Arbeits- und Sozialrecht
Band 148

Gerhard Ring (Hrsg.)

Freiberger Internationales Kolloquium zum Arbeitsrecht

Nomos

Die Deutsche Nationalbibliothek verzeichnet diese Publikation in der Deutschen Nationalbibliografie; detaillierte bibliografische Daten sind im Internet über http://dnb.d-nb.de abrufbar.

ISBN 978-3-8487-3596-9 (Print)
ISBN 978-3-8452-7903-9 (ePDF)

1. Auflage 2017

Vorwort

Am 22. April 2016 feierte der Lehrstuhl für Bürgerliches Recht, Deutsches und Europäisches Wirtschaftsrecht an der Fakultät für Wirtschaftswissenschaften der TU Bergakademie Freiberg sein 20jähriges Bestehen mit einem Internationalen Arbeitsrechtlichen Festkolloquium.

Referenten aus dem In- und Ausland hatten sich spontan bereit erklärt, aus Anlass dieses Jubiläums ein Referat zu halten und dieses auch zu einem Beitrag für diese Festschrift auszuarbeiten.

Mein besonderer Dank geht auch an dieser Stelle noch einmal ausdrücklich an

- Herrn Professor Dr. Klaus-Dieter Barbknecht, Rektor der TU Bergakademie Freiberg, der als erster Referent einen Vortrag zum deutschen Wissenschaftszeitvertragsgesetz hielt: „Das neue WissZeitVG – Fluch oder Segen für die universitäre Forschung, erörtert am Beispiel der TU Bergakademie Freiberg".
- Herrn Professor Dr. Dr. Günter Löschnigg, Leiter des Instituts für Arbeits- und Sozialrecht der Karl-Franzens-Universität Graz, der das Koreferat zum österreichischen Recht übernommen hatte: „Das österreichische Pendant zum Wissenschaftszeitvertragsgesetz – § 109 UG".
- Herrn Professor Dr. Dr. h.c. Thomas Geiser, Direktor des Forschungsinstituts für Arbeit und Arbeitsrecht der Universität St. Gallen, der über „Verantwortlichkeit für die Arbeitssicherheit in der Schweiz" referierte,
- Frau Professor Dr. Line Olsen-Ring, Honorarprofessorin für Skandinavisches Recht an der Universität Leipzig, die über „Verhandlung, Schlichtung, Drohung und Zwang – staatliches Konfliktmanagement bei Arbeitskämpfen in Dänemark" sprach,
- Herrn Professor Dr. Alpay Hekimler, Namik Kemal Universität Tekirdag, der einen „Allgemeinen Überblick über das Streikrecht und die Streikfreiheiten in der Türkei" vermittelte, und

- Herrn Assessor iur. Steffen Vogel, wissenschaftlicher Mitarbeiter am Lehrstuhl für Bürgerliches Recht, Deutsches und Europäisches Wirtschaftsrecht der TU Bergakademie Freiberg, der über „Zugangsmöglichkeiten und -bedingungen zum deutschen Arbeitsmarkt für geflüchtete Menschen“ referierte.

Prof. Dr. Gerhard Ring Freiberg, im Juni 2017

Inhalt

Das neue WissZeitVG – Fluch oder Segen für die universitäre Forschung, erörtert am Beispiel der TU Bergakademie Freiberg

Professor Dr. Klaus-Dieter Barbknecht
Rektor der TU Bergakademie Freiberg

Die Novelle des WissZeitVG[1] vom März 2016 stellt Universitäten und Hochschulen vor neue Herausforderungen, von denen eine Auswahl in diesem Beitrag an Hand einer kleinen aber sehr forschungsstarken Universität diskutiert werden sollen. Dazu bedarf es zunächst der Vorstellung der Universität in Bezug auf die hier relevante Datenlage, bevor ich auf die Motivation zur Novellierung des WissZeitVG eingehen werde. Dem schließt sich eine Betrachtung zur Wirkung und Auswirkung auf den Forschungsbetrieb einer Universität an, welche zum Fazit führt.

I. Die Technische Universität Bergakademie Freiberg

Die Technische Universität Bergakademie Freiberg ist die älteste noch aktive Montanhochschule der Welt und fokussiert sich heute auf die Themen rund um Ressourcen, d.h. deren Vorkommen und deren Bewirtschaftung von der Aufsuchung, Produktion, Veredlung bis zum Recycling im geologischen, natur-, ingenieur- und geisteswissenschaftlichen Kontext. Mit ca. 5600 Studenten zählt sie zu den kleineren Universitäten. Ihre Forschungsstärke zeigt sich jedoch am Volumen der Drittmittel dieser Universität: Staatlicher Zuschuss und Drittmitteleinnahmen teilen sich das Budget der TU nahezu hälftig. Von den etwa 1.800 Beschäftigten im Jahr 2015 wurden 785 Beschäftigte aus Drittmitteln finanziert; hiervon 613 wissenschaftliche Mitarbeiter/innen und 172 Mitarbeiter/innen im nichtwissenschaftlichen Bereich. Bei den haushaltsfinanzierten Beschäftigten domi-

1 Gesetz über befristete Arbeitsverträge in der Wissenschaft (Wissenschaftszeitvertragsgesetz – WissZeitVG) vom 12. April 2007 (BGBl. I S. 506), das durch Artikel 1 des Gesetzes vom 11. März 2016 (BGBl. I S. 442) geändert worden ist.

nieren die Mitarbeiter/innen im nichtwissenschaftlichen Bereich etwa im Verhältnis 57:43 zu den wissenschaftlichen Mitarbeitern. Circa 110 Doktoranden schließen jährlich ihre Arbeit mit einer erfolgreichen Promotion ab.

Es liegt in der Natur der Sache, dass sowohl im haushaltsfinanzierten Bereich als auch und vor allem im drittmittelfinanzierten Bereich die Zahl der befristeten Beschäftigungsverhältnisse hoch ist. Zum 1. Februar 2016 waren dies 714 Mitarbeiter, wobei die Beschäftigungszahlen für Befristungen von bis zu sechs Monaten, bis zu einem Jahr, bis zu zwei Jahre und ab zwei Jahre zwischen 163, 171, 179 und 201 verteilt sind.

Wenn ich sage, „es liegt in der Natur der Sache", dass wir eine hohe Zahl an befristeten Beschäftigten haben, so erklärt sich dies aus im Wesentlichen drei Gründen:

1. Auch im Bereich des zuschussfinanzierten Haushalts sind etliche Beschäftigte über zeitlich befristete staatliche Zuschussprogramme wie z.B. zur Verbesserung der Lehre und der Forschung angestellt.
2. Die Tätigkeit als wissenschaftlicher Mitarbeiter an einer Universität dient der eigenen Fortentwicklung und Vorbereitung auf eine weitere wissenschaftliche Laufbahn und geht oft mit der Doktorandenstellung einher.
3. Drittmittelfinanzierung ist grundsätzlich befristet und die Fristigkeit der Finanzierung geht einher mit der Laufzeit der Forschungsprojekte und kann sehr kurzfristig und längerfristig jedoch so gut wie nie auf Dauer daherkommen.

In diesem Umfeld können Universitäten und somit auch wir hinsichtlich der Befristung von Beschäftigungsverträgen auf Basis zweier gesetzlicher Grundlagen arbeiten:

1. Teilzeit- und Befristungsgesetz vom 21. Dezember 2000 (TzBfG)[2]
2. Wissenschaftszeitvertragsgesetz vom 12. April 2007 (WissZeitVG 2016)

In beiden Fällen gilt, dass wenn eine Befristung unwirksam ist, der befristete Arbeitsvertrag als auf unbestimmte Zeit geschlossen gilt. Dies ergibt

2 Teilzeit- und Befristungsgesetz vom 21. Dezember 2000 (TzBfG)BGBl. I S. 1966), das zuletzt durch Artikel 23 des Gesetzes vom 20. Dezember 2011 (BGBl. I S. 2854) geändert worden ist.

sich aus § 16 TzBfG und aus § 1 Abs. 1 S. 5 WissZeitVG, der auf die Regelungen des TzBfG und damit auch auf § 16 TzBfG verweist.

Dabei schaffte das WissZeitVG zunächst einen großen Vorteil, da es für eine Reihe von Beschäftigungsverhältnissen den Tatbestand für eine Sachgrundbefristung quasi fingierte. § 1 Abs. 1 S. 1 WissZeitVG legt fest, dass für den Abschluss von Arbeitsverträgen für eine bestimmte Zeit (befristete Arbeitsverträge) mit wissenschaftlichem und künstlerischem Personal mit Ausnahme der Hochschullehrerinnen und Hochschullehrer an Einrichtungen des Bildungswesens, die nach Landesrecht staatliche Hochschulen sind, die §§ 2, 3 und 6 WissZeitVG gelten. In den einschlägigen Folgeparagraphen verknüpft das Gesetz sachliche Voraussetzungen wie z.B. „wenn die befristete Beschäftigung zur Förderung der eigenen wissenschaftlichen oder künstlerischen Qualifizierung erfolgt“ (§ 2 Abs. 1 S. 1) mit Befristungszeiten. Es handelt sich also gerade nicht um eine rein zeitliche Befristung, denn diese ist unabhängig von einer anderen Voraussetzung, sondern um die Formulierung eines besonderen, den offenen Tatbestand des § 3 Abs. 1 TzBfG, der auf Art, Zweck oder Beschaffenheit der Arbeitsleistung abstellt, qualifizierenden Tatbestands einer Sachgrundbefristung, die nämlich auch auf den Zweck der Arbeitsleistung in Form der Qualifizierung abstellt. Damit eröffnet das WissZeitVG ein „Sonderarbeitsrecht“ für den Bereich der wissenschaftlichen Mitarbeiter an Hochschulen.

II. Die Motivation für die Novellierung des WissZeitVG

Im Oktober 2015 hat die Bundesregierung einen Entwurf eines Ersten Gesetzes zur Änderung des Wissenschaftszeitvertragsgesetzes vorgelegt und erklärt es gehe ihr bei der Neuregelung um eine stärkere Konstituierung bestehender Regelungen um Fehlentwicklungen in der Befristungspraxis entgegenzutreten, ohne die in der Wissenschaft erforderliche Flexibilität und Dynamik zu beeinträchtigen.[3] Darüber hinaus solle sich aus dem Wissenschaftszeitvertragsgesetz künftig klar ergeben, dass die sachgrundlose Befristung nur zulässig sei, wenn die befristete Beschäftigung zur Förderung der eigenen wissenschaftlichen oder künstlerischen Qualifizierung erfolge.

---

3 BT Drs 18/6489 v. 28.10.2015.

Diesem Gesetzentwurf ging eine mehrjährige Diskussion über die Rahmenbedingungen der Beschäftigung des akademischen Mittelbaus voraus und hat sie auch während des Gesetzgebungsverfahrens begleitet. So hat zum Beispiel Sebastian Raupach (u.a.) in der Studie „Exzellenz braucht Existenz" anhand zahlreicher Beispiele untersucht, wie Jungwissenschaftler mit der Situation befristeter Beschäftigung an Bildungseinrichtungen umgehen und die hohe Unzufriedenheit der Betroffenen mit der Situation dargestellt.[4]

Bereits im Jahr 2011 kam die von dem BMBF in Auftrag gegebene Evaluation des Wissenschaftszeitvertragsgesetzes[5] zu dem Ergebnis, dass sich in den zurückliegenden Jahren eine deutliche Zunahme der Hochschulbeschäftigten feststellen lässt. Der Anteil an befristeten Beschäftigungsverhältnissen zeige eine steigende Tendenz auf. Zusammenfassend kommt dieser Evaluationsbericht zu der Empfehlung, eine Harmonisierung gesetzgeberischer Zielsetzungen und Befristungspraxis anzustreben, um das Spannungsfeld von Innovation-und Nachwuchsförderung auf der einen und Beschäftigungsbedingungen auf der anderen Seite ausgewogener zu gestalten.[6]

Im Sommer 2011 sieht die Bundestagsfraktion DIE LINKE das Wissenschaftszeitvertragsgesetz als „Endpunkt eines Prozesses zur Prekarisierung der Beschäftigungsverhältnisse in der deutschen Wissenschaftslandschaft" und fordert eine grundlegende Überarbeitung des Gesetzes.[7]

Die Fraktion der Grünen im Bundestag kommt im Winter 2011 gar zu dem Ergebnis, dass befristete Arbeitsverhältnisse für Wissenschaftler/innen unterhalb der Professur im Wissenschaftssystem der Regelfall seien und sich dies in mehrfacher Hinsicht negativ auf das Wissenschaftssystem auswirke. Der wissenschaftliche Nachwuchs leide unter unbefriedigenden

---

4 Raupach/Lienhop/Karch/Raupach-Rosin/Oltersdorf, „Exzellenz braucht Existenz", Studie zur Befristung im Wissenschaftsbereich: ein Beitrag zur Reform des Wissenschaftszeitvertragsgesetzes, 2014, veröffentlicht unter: www.perspektive-statt-befristung.de/Exzellenz_braucht_Existenz_online.PDF (7.5.2017.)

5 Georg Jongmanns, Evaluation des Wissenschaftszeitvertragsgesetzes (WissZeitVG), Gesetzesevaluation im Auftrag des Bundesministeriums für Bildung und Forschung, HIS: Forum Hochschule 4/2011, veröffentlicht unter: www:dzhw.eu/pdf/pub_fh/fh-201104.pdf (7.5.2017.)

6 Jongmanns,ebda, S. 4.

7 Vgl. Antrag der Fraktion DIE LINKE," Befristung von Arbeitsverträgen in der Wissenschaft eindämmen – gute Arbeit in Hochschulen und Instituten fördern" vom 6.7.2011, BT Drucksache 17/6488.

und höchst unsicheren Karriereperspektiven, welche auf Kosten der Leistungsfähigkeit des Wissenschaft-und Hochschulsystems ausgetragen werde. Das deutsche Wissenschaftssystem drohe deshalb, unattraktiv zu werden.[8]

Unter der Überschrift „Planbare und verlässliche Karrierewege in der Wissenschaft" formulieren die Regierungsparteien CDU/CSU/SPD in ihrem Koalitionsvertrag für die 18. Legislaturperiode den gemeinsamen Willen, für den wissenschaftlichen Nachwuchs durch Novellierung des Wissenschaftszeitvertragsgesetzes planbare und verlässliche Karrierewege zu schaffen.[9] Diese Vereinbarung mündet in den Gesetzentwurf der Bundesregierung vom 28.10.2015[10] zur Novellierung des Wissenschaftszeitvertragsgesetzes.

III. Wirkung und Auswirkung

Die hier zu betrachtenden wesentlichen Änderungen des Wissenschaftszeitvertragsgesetzes durch die Novellierung 2016 erfolgen in § 2 Abs. 1 durch die Einschränkung der Zulässigkeit der Befristung von Arbeitsverträgen für wissenschaftliches Personal auf solche Fälle, in denen die befristete Beschäftigung zur Förderung der eigenen wissenschaftlichen oder künstlerischen Qualifizierung erfolgt und die Festlegung, dass die vereinbarte Befristungsdauer jeweils so zu bemessen ist, dass sie der angestrebten Qualifizierung angemessen ist. Darüber hinaus wurde in § 2 Abs. 2 der letzte Satz, nach dem die Befristung von Arbeitsverträgen unter bestimmten Voraussetzungen der Drittmittelfinanzierung auch für nichtwissenschaftliches und nichtkünstlerisches Personal zulässig war, gestrichen.

Zweifelhaft ist, ob damit mehr Rechtssicherheit geschaffen wurde. War unter dem Wissenschaftszeitvertragsgesetz alter Fassung streitig, welcher Personenkreis unter dem Begriff des „wissenschaftlichen Personals" nach § 1 Abs. 1 WissZeitVG fällt, so wird nunmehr neben der persönlichen Anwendbarkeit darüber hinaus zu beurteilen sein, ob ein wissenschaftliches

---

8 Vgl. Antrag der Fraktion BÜNDNIS90/DIE GRÜNEN, „Wissenschaftszeitvertragsgesetz wissenschaftsadäquat verändern" vom 22.11.2011, BT Drucksache 17/7773.

9 „Deutschlands Zukunft gestalten", Koalitionsvertrag zwischen CDU, CSU und SPD, 18. Legislaturperiode, S. 21.

10 BT Drucksache 18/6489.

Qualifizierungsziel vorliegt und des Weiteren, ob die befristete Beschäftigung zur Förderung dieses Zieles erfolgt. In seinem Urteil vom 1. 6. 2011 hat das BAG[11] bereits darauf abgestellt, dass es bei der Beurteilung, ob der befristete Vertrag nach § 1 Abs. 1 S. 1 WissZeitVG mit dem richtigen – nämlich dem persönlichen Wirkungsbereich des WissZeitVG zuzuordnenden – Arbeitnehmer abgeschlossen worden ist, nicht allein auf die statusrechtliche Einordnung ankomme, sondern tätigkeitsbezogen zu interpretieren sei. Damit hat es die Büchse der Pandora geöffnet und eine Vielzahl von Arbeitsverträgen einer idealisierten theoretischen Prüfung unterworfen.[12] Durch seine Entscheidung vom 20.4.2016 hat das BAG[13] die Büchse der Pandora zumindest wieder etwas geschlossen, in dem es für die Einordnung als wissenschaftliches Personal darauf abstellt, ob von dem Arbeitnehmer wissenschaftliche Erkenntnisse kritisch hinterfragt, sich damit auseinandergesetzt wird und diese Reflexionen in die Arbeit des Arbeitnehmers einfließen und „was von dem Arbeitnehmer [diesbezüglich] aufgrund des Arbeitsvertrags, einer Dienstaufgabenbeschreibung oder sonstiger Umstände nach objektiven Gesichtspunkten bei Vertragsschluss erwartet“ werde.

In Zukunft wird sich die Rechtsprechung neben dieser Einordnung des Arbeitnehmers nach den Kriterien des BAG zum wissenschaftlichen Personal darüber hinaus damit auseinandersetzen müssen, ob, wenn diese 1. Hürde genommen ist, die Tätigkeit zur Förderung der wissenschaftlichen Qualifizierung erfolgt. D.h., dass zunächst festzustellen sein wird, was ein anerkennungswertes wissenschaftliches Qualifizierungsziel ist. Sicherlich ist dies unproblematisch bei dem Ziel der Promotion gegeben. Die Promotion dürfte als wissenschaftliche Qualifizierung ebenso wie die Habilitation außer Frage stehen. Das Wissenschaftszeitvertragsgesetz gibt auch nach seiner Novellierung 2016 kein formales Qualifizierungsziel vor. Die Qualifizierung soll auf den Erwerb wissenschaftlicher Kompetenzen ausgerichtet sein, was sowohl der erfolgreichen beruflichen Karriere im Wissenschaftssystem als auch außerhalb der Wissenschaft, zum Beispiel in der Wirtschaft, als Selbstständiger oder in anderen gesellschaftlichen Lebens –

11 Vgl. BAG Urteil v. 1.6.2011 – 7 AZR 827/09 = BAGE 138,91-106 = NZA 2011,1280.

12 Vgl. hierzu ausführlicher Benedict/Kalbitz, JZ 8/2017 S. 397 ff.

13 BAG Urteil v. 20. April 2016,7 AZR 657/14 = NZA 2016,1078.

und Arbeitsbereichen dienen können soll.[14] Damit liegt nach dem Willen des Gesetzgebers ein sehr breiter Bereich der möglichen wissenschaftlichen Qualifikation vor. Für die Praxis, insbesondere für die wissenschaftlichen Vorgesetzten und für die jeweils zuständigen Personalabteilungen, wird es nun darauf ankommen, Qualifizierungsziele zu definieren, die auch vor den Arbeitsgerichten einer Überprüfung hinsichtlich ihrer Wissenschaftlichkeit standhalten werden. Hierzu sollte die Rechtsprechung des BAG zur Definition des vom Wissenschaftszeitvertragsgesetz betroffenen Personenkreises hilfreich sein können. Indem das BAG bisher auch darauf abstellte, welche (wissenschaftliche) Leistung vom Arbeitnehmer arbeitsvertraglich erwartet wurde und ob diese Leistung der Überprüfung und Reflexion wissenschaftlicher Erkenntnisse diente, gibt es auch für die Beurteilung von Qualifikationszielen Leitplanken vor. Es werden solche Qualifikationsspiele anzuerkennen sein, die von dem betreffenden Arbeitnehmer eine eigene Überprüfungs- und Reflexionsleistung hinsichtlich wissenschaftlicher Erkenntnisse abverlangen. Das gleiche gilt dann für die auszuübende Tätigkeit ebenfalls.

Zweifelhaft ist auch, dass es sich bei der Befristung nach dem Wissenschaftszeitvertragsgesetz um eine sogenannte „sachgrundlose Befristung" handeln soll. Spätestens mit der Einfügung des Erfordernisses der wissenschaftlichen Qualifizierung des Arbeitnehmers und die Bindung der Laufzeit der Befristung an die Qualifizierung wird die Zeitbefristung zur Sachgrundbefristung, denn das Erfordernis der Angemessenheit auf die Qualifizierung verlangt zwingend, Art und Inhalt der Qualifizierung nicht nur abstrakt, sondern konkret im Einzelfall zu bestimmen und unterliegt im konkreten Einzelfall der vollen richterlichen Kontrolle. Auch die zeitliche Befristung auf 6 Jahre steht dieser Annahme nicht entgegen, wenn man die bekannten Überlegungen des BAG zur Frage des „institutionellen Rechtsmissbrauchs" bei sich wiederholenden Sachgrundbefristungen über einen langen Zeitraum in Betracht zieht.[15]

---

14 Vgl. Begründung der Bundesregierung zum Gesetzentwurf, BT Drucksache 18 6489 Seite 10.

15 Hier sei an die Rechtsprechung des BAG vom 18. Juli 2012, 7 AZR 443/09 und 7 AZR 783/10 erinnert.

Beispiele für eine wissenschaftliche Qualifizierung im Sinne von § 2 WissZeitVG sind:

- Vortragsvorbereitung zu einem wissenschaftlichen Thema
- Erstellung einer Publikation
- Vorbereitungsarbeiten zur Promotion (z. B. Themenfindung)
- Vorbereitung und thematische Organisation einer wissenschaftlichen Tagung

IV. Fazit -WissZeitVG – Das BAG wird es richten müssen

Rechtsunsicherheit und Rechtsunklarheit werden das Ziel des Gesetzgebers, unsachgemäße Kurzzeitverträge im Wissenschaftssystem zu verhindern und dem wissenschaftlichen Nachwuchs nach dem Motto „Exzellenz braucht Existenz „mehr Planungssicherheit zu geben, für einen großen Teil der Betroffenen über Jahre hinweg konterkarieren. Die Verantwortung der Hochschulleitungen und der zuständigen Personalabteilungen für die zukunftssichere Haushaltslage der Hochschule erzwingt eine vorsichtige Handhabung von Befristungsregelungen zur Vermeidung einer überbordenden Anzahl von Entfristungsklagen, die nicht nur zu einer außerordentlichen Belastung für die Haushalte der Hochschulen führen können, sondern gleichzeitig den dringend erforderlichen Personalwechsel im Wissenschaftsbetrieb hemmen würden.

Betroffene mit eindeutigen Qualifizierungszielen wie Promotion und Habilitation profitieren im Verhältnis zum bisherigen Procedere nur wenig. Promotionsvorhaben die zumindest zum Teil an drittmittelfinanzierten Projekten partizipieren, werden vor der Herausforderung stehen, dass die Zeiträume in denen üblicherweise eine Promotion abgeschlossen wird (Angemessenheit der Befristung) und Zusagen von Drittmittelgebern nicht in Einklang stehen. Es wird sich deshalb häufiger die Frage stellen, ob ein Promotionsverfahren im Anstellungsverhältnis durchgeführt werden kann.

Das Risiko für Hochschulen und andere Forschungseinrichtungen hat sich durch die Novelle des Wissenschaftszeitvertragsgesetzes deutlich erhöht. Es bleibt abzuwarten, ob dies zu einem Beschäftigungsabbau führen wird.

Es bleibt zu hoffen, dass zumindest durch die Rechtsprechung alsbald eine höhere Rechtssicherheit hergestellt wird.

Das österreichische Pendant zum Wissenschaftszeitvertragsgesetz – § 109 UG

Professor Dr. Dr. Günther Löschnigg
Leiter des Instituts für Arbeits- und Sozialrecht der Karl-Franzens-Universität Graz

1. Der Ausgangspunkt: erleichterter Abschluss von Befristungen im Wissenschaftsbereich

Sowohl nationale als auch übernationale Regelungsziele gehen von einer Prekarität befristeter Arbeitsverhältnisse aus. Der Grund dafür liegt vielfach in sozialpsychologischen Wertungen und – je nach Rechtsordnung – nicht in der schwächeren rechtlichen Absicherung. Das befristete Arbeitsverhältnis als Ausnahme und das Arbeitsverhältnis auf unbestimmte Zeit als anzustrebende Regelform unselbständiger Beschäftigung kann als allgemeiner sozialpolitischer Konsens angesehen werden. In diesem Sinn meint auch die Befristungsrichtlinie in ihren Allgemeinen Erwägungen[1], dass unbefristete Arbeitsverträge die übliche Form des Beschäftigungsverhältnisses wären. Gem Pkt 8 leg cit wären befristete Arbeitsverhältnisse für die Beschäftigung in bestimmten Branchen, Berufen und Tätigkeiten charakteristisch und könnten den Bedürfnissen der Arbeitgeber und auch der Arbeitnehmer entsprechen. Den Wissenschaftsbetrieb nennt die RL 1999/70/EG nicht explizit. Einen tragenden Grundsatz bildet jedoch das Sachlichkeitsprinzip, dh „sachliche Gründe“ vermögen die Aneinanderreihung befristeter Arbeitsverhältnisse zu rechtfertigen.

Das (deutsche) Bundesverfassungsgericht hat die Erleichterung des Abschlusses befristeter Arbeitsverträge zur Sicherung der Leistungs- und Funktionsfähigkeit der Hochschulen und Forschungseinrichtungen für verfassungsrechtlich zulässig erklärt[2]. Eine vergleichbare Entscheidung des (österreichischen) Bundesverfassungsgerichtshofes existiert nicht. Die Argumentation würde aber wohl in die selbe Richtung gehen.

---

1 RL 1999/70 EG Pkt 6 der Allgemeinen Erwägungen.
2 BVerfGE 94, 268.

Die Argumentation für Erleichterungen beim Abschluss befristeter Dienstverhältnisse im Wissenschaftsbetrieb weist in Österreich und in Deutschland die nämliche Tendenz auf. So soll etwa nach der Begründung zur Novelle 2016[3] des Wissenschaftszeitvertragsgesetzes (WissZeitVG) das Gesetz mit seinen Befristungstatbeständen „Fluktuationen beim wissenschaftlichen und künstlerischen Personal und damit einen laufenden Zustrom neuer Ideen an die Hochschulen und Forschungseinrichtungen" ermöglichen. Es soll zudem sicherstellen, dass „sich jede Generation von Wissenschaftlerinnen und Wissenschaftlern qualifizieren kann, weil nicht alle Mittelbau-Stellen mit Dauerpersonal besetzt sind. Dies ist auch deshalb sachgerecht, weil Wissenschaftlerinnen und Wissenschaftler in der Qualifizierungsphase noch nicht auf eine wissenschaftliche Karriere fixiert sind, sodass in dieser Phase zu einem großen Teil für den allgemeinen Arbeitsmarkt ausgebildet wird."

2. Gesetzliche Rechtsgrundlage

Die im vorliegenden Zusammenhang interessierende gesetzliche Rechtsgrundlage für die deutsche Hochschullandschaft bildet das Wissenschaftszeitvertragsgesetz (WissZeitVG) 2007[4] und vor allem die hiezu ergangene Änderung durch BGBl 2016/442. Das WissZeitVG kommt aber nur für einen eingeschränkten Personenkreis an den Universitäten (s 4.) und nur unter bestimmten Voraussetzungen vor. Im Übrigen richtet sich die Zulässigkeit von Befristungen nach dem Teilzeit- und Befristungsgesetz (TzBfG)[5].

Maßgebliche Rechtsgrundlage für Österreich ist § 109 des Universitätsgesetzes (UG) 2002[6]. Da die seit 1.1.2004 Beschäftigten Angestellte der vollrechtsfähigen Universitäten sind, gilt parallel zum UG die für privatrechtliche Dienstverhältnisse entwickelte Judikatur zum Kettendienstver-

---

3 Deutscher Bundestag, Drucksache 18/6489, S 7.

4 G v 12.4.2007, BGBl I S. 506.

5 G v 21.12.2000, BGBl I S. 1966. Zum Anwendungsbereich des Gesetzes über befristete Arbeitsverträge mit Ärzten in der Weiterbildung, nämlich rechtlich verselbständigte Universitätskliniken ohne Forschungsbetrieb, s *Preis*, Kommentar zum Wissenschaftszeitvertragsgesetz, Köln 2008, § 4 Rdn 2.

6 BGBl I 120/2002; im Anhang.

trag (s. auch 5.2.). Ein eigenes Befristungsgesetz, vergleichbar mit dem deutschen TzBfG, findet sich in Österreich nicht.

3. Geltung für sämtliche Forschungseinrichtungen?

Das WissZeitVG kommt für alle Einrichtungen des Bildungswesens, die nach Landesrecht staatliche Hochschulen sind, zum Tragen. Es gilt aber auch für die nach Landesrecht staatlich anerkannten Hochschulen und für staatliche, überwiegend staatliche, institutionell überwiegend staatliche oder auf Grundlage von Artikel 91b GG finanzierte Forschungseinrichtungen[7]. Insofern ist das WissZeitVG umfassend konzipiert. Es kommt etwa auch auf Fachhochschulen zur Anwendung, nicht jedoch auf private Hochschulen, außer sie wären staatlich anerkannt[8].

§ 109 UG gilt entsprechend dem Geltungsbereich des Universitätsgesetzes nur für die in § 6 aufgezählten Universitäten. Das durch § 109 UG geschaffene Sonderbefristungsrecht kann dementsprechend nicht für den Abschluss von Arbeitsverträgen mit Privatuniversitäten, Fachhochschulen oder außeruniversitären Forschungseinrichtungen herangezogen werden. Auf Grund der juristischen Eigenständigkeit und Vollrechtsfähigkeit der österreichischen Universitäten sind befristete Arbeitsverträge zu unterschiedlichen Universitäten nicht zueinander in Beziehung zu setzen. Die Bestimmung des § 109 UG kommt auch nicht auf befristete Arbeitsverhältnisse zu Gesellschaften und Stiftungen, an denen die Universität beteiligt ist, oder auf Vereine, bei denen die Universität Mitglied ist, zur Anwendung.

4. Persönlicher Anwendungsbereich

§ 109 UG gilt grundsätzlich für sämtliche Mitarbeiter der Universität, dh für das wissenschaftliche/künstlerische und das nichtwissenschaftliche

---

7 Gemäß Artikel 91b GG können Bund und Länder Vereinbarungen abschließen, um in Fällen überregionaler Bedeutung bei der Förderung von Wissenschaft, Forschung und Lehre zusammenzuwirken.

8 Vgl hiezu insb *Lehmann-Wandschneider*, Das Sonderbefristungsrecht an Hochschulen und Forschungseinrichtungen nach dem Wissenschaftszeitvertragsgesetz, Frankfurt a. Main 2009, 39ff.

bzw das nichtkünstlerische Personal gleichermaßen. Das österreichische Recht hat damit noch nicht den Schritt gesetzt, den der deutsche Gesetzgeber mit der Novelle 2006 zum WissZeitVG getan hat: Die Erleichterungen zum Abschluss befristeter Arbeitsverträge für das nichtwissenschaftliche/nichtkünstlerische Personal bei Drittmittelfinanzierung entfallen zu lassen.

Die Sonderbefristungsregelungen nach § 109 UG gelten für sämtliche Kategorien des wissenschaftlichen/künstlerischen Personals und nicht nur wie im WissZeitVG für jene Mitarbeiter, deren befristete Beschäftigung „zur Förderung der eigenen wissenschaftlichen oder künstlerischen Qualifizierung erfolgt". § 109 UG erfasst damit beispielsweise auch die Arbeitsverträge von Universitätsprofessoren (s aber auch 9.) oder Universitätslektoren, soweit letztere Arbeitsverhältnisse eingehen[9].

Das WissZeitVG spricht in § 1 Abs 1 Satz 1 zwar auch generell von wissenschaftlichem und künstlerischem Personal, inhaltlich kommt es aber durch § 2 Abs 1 WissZeitVG zu einer Unterscheidung zwischen Personal mit und ohne Promotion. Die Begünstigungen zum Abschluss befristeter Arbeitsverträge greifen vor allem nur dann, wenn die befristete Beschäftigung zur Förderung der eigenen wissenschaftlichen oder künstlerischen Qualifizierung erfolgt. Ergänzend verlangt das WissZeitVG, dass die vereinbarte Befristungsdauer jeweils so zu bemessen ist, dass sie der angestrebten Qualifikation angemessen ist (s auch 5.2.).

5. *Wahlfreiheit – Begrenzung – Aneinanderreihung*

5.1. *Verhältnis von befristetem und unbefristetem Vertrag*

§ 109 UG schafft – wie die universitäre Praxis vermuten lassen könnte – keine Verpflichtung zum Abschluss von Arbeitsverträgen auf bestimmte Zeit. Der Gesetzeswortlaut zeigt klar und deutlich, dass es sich nur um eine Alternative zum Arbeitsvertrag auf unbestimmte Zeit handelt. De facto werden allerdings von den Universitäten fast ausschließlich befristete Arbeitsverhältnisse mit „wissenschaftlichen Neuzugängen" abgeschlossen.

---

9 Vgl *Löschnigg*, Die arbeitsrechtliche Stellung der Universitätslektoren nach dem Universitäts-Änderungsgesetz 2009, in Barta/Radner/Rainer/Scharnreitner (Hrsg), Analyse und Fortentwicklung im Arbeits-, Sozial- und Zivilrecht. Festschrift für Martin Binder, Wien 2010, 281.

Auch die Aneinanderreihung befristeter Arbeitsverträge wird bis zu den gesetzlichen Limits (s unten) ausgereizt.

Während der hohe Anteil an Befristungen im Wissenschaftsbereich in Deutschland zu einer Reaktion des Gesetzgebers geführt hat[10], nämlich zur inhaltlichen Beschränkung auf die Qualifizierung der wissenschaftlichen/künstlerischen Mitarbeiter (s 4. und 5.2.), hat der österreichische Gesetzgeber die Aneinanderreihung befristeter Verträge mit der UG-Novelle 2015 erleichtert (s 8.1.).

5.2. (Grundsatz der) Einmalbefristung

Grundsätzlich kann gem § 109 UG nur ein befristeter Arbeitsvertrag auf bis zu sechs Jahre vereinbart werden. Eine Verlängerung des Vertrages wäre einem weiteren Vertragsabschluss gleichzuhalten und dementsprechend unzulässig[11].

Ausnahmen vom Grundsatz der Einmalbefristung finden sich in den in § 109 Abs 2 UG erwähnten Fällen (s 6.) und bei einer Verwendungsänderung im Sinne des § 109 Abs 3 u 4 UG (s 8.).

Das Verbot der Mehrfachbefristung ergibt sich vor allem aus der Formulierung des § 109 Abs 2 UG, wonach eine „mehrmalige unmittelbar aufeinanderfolgende Befristung" nur unter gewissen Voraussetzungen (s 6.1.) zulässig ist. E contrario bedeutet dies, dass mehrmalige nicht unmittelbar aufeinanderfolgende Befristungen zulässig sind. § 109 UG kann in Kombination mit Abs 2 leg cit nicht dahingehend gedeutet werden, dass ein befristetes Arbeitsverhältnis ein zweites befristetes Arbeitsverhältnis für die gesamte Lebenszeit des Arbeitnehmers ausschließt. Ausreichend lange zeitliche Lücken werden daher zur Zulässigkeit eines weiteren Vertrages auf bestimmte Zeit führen. Zur Interpretation einer ausreichend langen Lücke sind die Wertungen zur allgemeinen Kettenvertragsproblematik heranzuziehen[12]. Die Zulässigkeit einer neuerlichen Befristung ist daher

10 Mitentscheidend war die Evaluierung des WissZeitVG im Jahr 2011, wonach „der Anteil von Befristungen – insbesondere über kurze Zeiträume – ein Maß erreicht hat, das weder gewollt war, noch vertretbar erscheint" (Deutscher Bundestag, Drucksache 18/6489, S 1).

11 Anders das WissZeitVG, wonach gemäß § 1 Abs 1 letzter Satz auch Verlängerungen innerhalb der zulässigen Befristungsdauer möglich sind.

12 Vgl zB OGH 22.4.1969, Arb 8611; OGH 25.5.1994, Arb 11.199; OGH 25.6.1998, Arb 11.746.

im Einzelfall zu beurteilen, wobei im Sinne eines beweglichen Systems sowohl die Dauer der Unterbrechungen als auch die Dauer der Beschäftigungsphasen sowie die Zahl der Aneinanderreihungen zu berücksichtigen sind[13].

Im Gegensatz zu § 109 UG verlangt das WissZeitVG selbst für die erste Befristung eine sachliche Begründung: die befristete Beschäftigung muss zur Förderung der wissenschaftlichen oder künstlerischen Qualifizierung des Mitarbeiters erfolgen! Das Gesetz geht aber noch einen Schritt weiter und setzt die Befristungsdauer mit dem Qualifizierungsziel in Relation: die vereinbarte Befristungsdauer ist so zu bemessen, dass sie der angestrebten Qualifizierung angemessen ist. Diese Konstruktion entspricht § 10a des österreichischen Mutterschutzgesetzes, das eine Hemmung des Ablaufs eines auf bestimmte Zeit abgeschlossenen Dienstverhältnisses vorsieht, falls die Befristung nicht aus sachlich gerechtfertigten Gründen erfolgt ist[14]. Das Kriterium der Mitarbeiterqualifizierung wurde erst mit der Novelle 2016 zum WissZeitVG eingefügt und soll dazu beitragen, für den wissenschaftlichen Nachwuchs planbare und verlässliche Karrierewege zu schaffen[15].

6. Mehrfachbefristungen nach § 109 Abs 2 UG[16]

Während das WissZeitVG als innere Rechtfertigung für die Erleichterung von Befristungen die Förderung der wissenschaftlichen/künstlerischen

---

13 Vgl OGH 6.7.1998, Arb 11.753.

14 Vgl etwa *Löschnigg*, Arbeitsrecht[12], Wien 2015, 265; hiezu OGH 18. 1. 1996, 8 ObA 288/95, DRdA 1996, 498 mit Bespr v *Knöfler* = RdW 1997, 150; OGH 28.7.2010, 9 ObA 89/09t, infas 2011, A4; OGH 8. 6. 2000, 8 ObA 316/99z, DRdA 2001, 438 mit Bespr v *Ritzberger-Moser*; OGH 28. 2. 2001, 9 ObA 326/00g, DRdA 2002, 238 mit Bespr v *Risak*; OGH 8. 8. 2002, 8 ObA 319/01x, ARD 5368/1/2003 = Arb 12.265; keine sachliche Rechtfertigung ist hingegen anzunehmen, wenn nach Ablauf des Probemonats das Dienstverhältnis für weitere zwei Monate befristet abgeschlossen wird, ohne der Dienstnehmerin die weitere Erprobung mitzuteilen, vgl OGH 28. 7. 2010, 9 ObA 89/09t, RdW 2011, 34.

15 Deutscher Bundestag, Drucksache 18/6489, S 7: kritisch *Keller*, Wissenschaftszeitvertragsgesetz auf dem Prüfstand, feminapolitica 2/2015, 138

16 Die Ausführungen unter 6. finden sich bereits in *Löschnigg/Rainer*, Aneinanderreihung von (befristeten) Arbeitsverträgen nach Universitätsgesetz 2002, in Funk (Hrsg), Öffentliche Universitäten im wirtschaftlichen Wettbewerb, Wien 2010, 109.

Qualifikation der Mitarbeiter aufweist, findet sich im UG eine Vermengung von klassischen Sachlichkeitsgründen und universitätstypischen Beweggründen.

6.1. Taxative Aufzählung – Sachliche Rechtfertigung

Nach § 109 Abs 2 UG ist eine mehrmalige unmittelbar aufeinander folgende Befristung „nur" bei im Rahmen von Drittmittel- oder Forschungsprojekten beschäftigen Mitarbeitern, ausschließlich in der Lehre verwendetem Personal und Ersatzkräften zulässig. Dem Wortlaut der Bestimmung zufolge handelt es sich dabei um eine abschließende Regelung über die Zulässigkeit von Kettendienstverhältnissen und damit um eine vollständige, taxative Aufzählung jener Konstellationen, bei denen die Universitäten berechtigt sind, befristete Arbeitsverhältnisse aneinander zu reihen. Diese Auslegung führt im Ergebnis jedoch dazu, dass der Spielraum der Universitäten, zulässige Kettendienstverhältnisse zu begründen, außerhalb der genannten begünstigten Beschäftigungsverhältnisse deutlich geringer ist als jener anderer Arbeitgeber. Während es im österreichischen Arbeitsrecht nach ständiger Rechtsprechung und herrschender Lehre grundsätzlich zulässig ist, befristete Arbeitsverhältnisse aneinander zu reihen, sofern dies durch wirtschaftliche oder soziale Gründe sachlich gerechtfertigt ist[17], führt im Bereich der Universitäten vielfach bereits die zweite Befristung – unabhängig vom Bestehen einer sachlichen Rechtfertigung – zu einem unzulässigen Kettendienstverhältnis und damit zum Bestehen eines Arbeitsverhältnisses auf unbestimmte Zeit (s 5.2.).

Nicht zuletzt aufgrund dieses Ergebnisses wird mitunter die Auffassung vertreten, durch § 109 Abs 2 UG soll die Möglichkeit der Universitäten, Kettendienstverhältnisse zu begründen, nicht eingeschränkt, sondern gegenüber den allgemein von Rechtsprechung und Lehre vertretenen Grundsätzen erweitert werden[18]. Der Anwendungsbereich des § 109 Abs 2 UG

---

17 Vgl OGH 22. 9. 1953, Arb 5823; VwGH 15.6.1954, Arb 6055; OGH 22. 1. 1963, Arb 7715; OGH 14.9.1982, DRdA 1985, 126 mit Bespr v *Pfeil*; OGH 6.7.1998, RdW 1999, 95; OGH 10.2.1999, ZAS 2000, 149 mit Bespr v *Reissner*; OGH 22.5.2002, RdW 2003, 37; *Löschnigg*, Arbeitsrecht[12], Wien 2015, 262.

18 *Schrammel* in Mayer (Hrsg), UG[2], Wien 2010, Erl V.1 zu § 109; *Kozak*, Zur Anrechnung von Vorvertragszeiten bei Kettenbefristungen nach dem Universitätsgesetz 2002, DRdA 2006, 504.

umfasse demnach ausschließlich die darin genannten begünstigten Beschäftigungsformen; alle anderen Befristungen seien – auch im Sinne einer verfassungskonformen Interpretation (Gleichheitssatz) – nach den auch für andere österreichische Arbeitgeber geltenden Grundsätzen zu beurteilen[19].

Vergleicht man die in § 109 Abs 2 UG enthaltenen Tatbestände mit den Rechtfertigungsgründen für die zulässige Aneinanderreihung befristeter Arbeitsverhältnisse im Allgemeinen, dann kommt man durchaus zu dem Ergebnis, dass § 109 eine erweiterte Zulässigkeit für Kettendienstverträge enthält. So wäre es etwa nicht vorstellbar, dass in Einrichtungen der außeruniversitären Forschung, für die das UG nicht gilt, für Projekte, die von dritter Seite in Auftrag gegeben und finanziert werden, 16 Halbjahresverträge mit dem teilzeitbeschäftigten Forschungspersonal abgeschlossen werden, ohne dass ein Arbeitsverhältnis auf unbestimmte Zeit entsteht. Ebenso ist davon auszugehen, dass der Abschluss befristeter Arbeitsverhältnisse acht Jahre hindurch bei einem Lehrer an einer Privatschule oder bei einem Lehrbeauftragten in einem Dienstverhältnis zu einer Fachhochschule unzulässig wäre, selbst wenn die Tätigkeit ausschließlich in der Lehre besteht.

Dieser Erweiterung der Abschlussmöglichkeiten von befristeten Arbeitsverträgen in den Sonderfällen steht aber eine Einschränkung bei den sonstigen nicht in § 109 Abs 2 UG genannten Fällen gegenüber. Diese Einschränkung hat ihre Wurzeln im öffentlichen Dienstrecht, das jahrzehntelang das Dienstrecht der Universitäten geprägt hat und das in gewissen Relikten den Wechsel in das private Arbeitsrecht überdauert hat. Eindeutig ist vor allem der Wortlaut des § 109 UG, dessen Abs 1 nicht isoliert gelesen werden darf. Bei isolierter Betrachtung des § 109 Abs 1 UG könnte diese Bestimmung tatsächlich dahingehend ausgelegt werden, dass eine Befristung maximal sechs Jahre betragen darf, dass aber weitere Befristungen bei sachlicher Rechtfertigung möglich sind. Ein derartiges Verständnis schließt jedoch Abs 2 aus, wenn er klarstellt, dass eine mehrmalige unmittelbar aufeinander folgende Befristung „nur“ in den ausdrücklich erwähnten Fällen erlaubt ist. Ein Versehen des Gesetzgebers bzw eine verdeckte Lücke im Gesetz kann dem UG in diesem Zusammenhang nicht unterstellt werden. Dieses „nur“ in § 109 Abs 2 kann auch nicht mit einer

---

19 *Kiesel-Szontagh*, Kettenarbeitsverträge im Bereich des wissenschaftlichen Universitätspersonals zulässig?, ecolex 2007, 365.

gewissen Privilegierung der Universitäten beim Abschluss befristeter Dienstverhältnisse (s oben) entkräftet werden[20].

Der gesamte Aufbau des § 109 UG weist darauf hin, dass parallel zur Aneinanderreihung von Befristungen in den Fällen des Abs 2 keine weiteren Aneinanderreihungen in sonstigen Fällen zulässig sind: nach Abs 1 werden einmalige Befristungen zeitmäßig begrenzt, in Abs 2 erster Satz wird zum Ausdruck gebracht, dass die mehrmalige aufeinander folgende Befristung nur unter den taxativ angeführten Voraussetzungen erlaubt ist, und Abs 2 zweiter Satz beschränkt schließlich die genannten Befristungen in Hinblick auf ihre Gesamtdauer. Dieser systematische Aufbau lässt für eine weiterreichende Zulässigkeit von Kettenverträgen keinen Raum. Die sachliche Rechtfertigung für die Aneinanderreihung wird erschöpfend im Abs 2 – und seit der UG-Novelle 2015 – in Abs 3 (s 7.) normiert[21].

Dieses Ergebnis deckt sich auch mit den Materialien, wonach nur in „besonders begründeten Ausnahmefällen die Aneinanderreihung von befristeten Arbeitsverhältnissen zur vollrechtsfähigen Universität bis zu einer bestimmten Gesamtdauer zulässig sein" soll[22] und diese begründeten Ausnahmefälle ausnahmslos in § 109 Abs 2 UG aufgezählt sind.

Zu einer Klarstellung hat letztlich die Entstehungsgeschichte des Universitätsrechts-Änderungsgesetzes 2009 geführt. Die Regierungsvorlage sah noch eine gewisse Erweiterung zum Abschluss von Kettendienstverträgen vor. § 109 Abs 2 UG sollte in der Neufassung lauten: „Eine mehrmalige unmittelbar aufeinander folgende Befristung ist nur bei besonderer sachlicher Rechtfertigung zulässig, insbesondere bei Arbeitnehmerinnen und Arbeitnehmern, die im Rahmen von Drittmittelprojekten oder Forschungsprojekten beschäftigt werden, bei ausschließlich in der Lehre verwendetem Personal sowie bei Ersatzkräften. Die Gesamtdauer solcher unmittelbar aufeinanderfolgender Arbeitsverhältnisse einer Arbeitnehmerin

20 So nämlich *Kiesel-Szontagh*, Kettenarbeitsverträge im Bereich des wissenschaftlichen Universitätspersonals zulässig?, ecolex 2007, 365, derzufolge dem § 109 Abs 2 „offenkundig nur solche (wiederholte) Befristungen unterliegen, denen eine Gleichartigkeit von Tätigkeiten und Funktionen innewohnt".

21 Im Ergebnis ebenso *Windisch-Graetz*, Die Beschäftigtengruppen nach dem UG 2002 – Probleme der Personalüberleitung, und *Reissner*, Möglichkeiten und Grenzen der Gestaltung von Arbeitsverträgen an Universitäten – Befristungen, Konkurrenzklauseln und Ausbildungskostenklauseln, beide in Reissner/Tinhofer (Hrsg), Das neue Universitätsarbeitsrecht, Wien 2007, 12 bzw 48; *Dumpelnik*, Universitätsarbeitsrecht, Wien 2008, 83.

22 1134 Beil StenProt NR XXI. GP, 100.

oder eines Arbeitnehmers darf zehn Jahre, im Fall der Teilzeitbeschäftigung zwölf Jahre nicht überschreiten."[23]. Mit dieser Formulierung wurde zum Ausdruck gebracht, dass das UG in der bisherigen Fassung selbst bei einer besonderen sachlichen Rechtfertigung, die nicht explizit in § 109 Abs 2 enthalten ist, die Aneinanderreihung von Befristungen nicht zugelassen hat. Andernfalls wäre eine Novellierung in diesem Sinn nicht erforderlich. Nach Befassung des Wissenschaftsausschusses wurde die beabsichtigte Gesetzesänderung wiederum zurückgenommen. Der letztlich am 9.7.2009 im Nationalrat verabschiedete Text des Universitätsrechts-Änderungsgesetzes 2009 beließ § 109 Abs 2 erster Satz UG unverändert. Damit stellt der Gesetzgeber klar, dass eine „beliebige" sachliche Rechtfertigung für die Zulässigkeit von Kettendienstverträgen iSd § 109 Abs 2 erster Satz nicht genügt.

Sehr wohl spielt die sachliche Rechtfertigung für den durch das Universitätsrechts-Änderungsgesetz 2009 neu eingeführten Sonderfall eine Rolle. Eine über die 6- bzw 8-Jahres-Grenze hinausgehende einmalige Befristung (s 6.) bedarf explizit einer sachlichen Rechtfertigung. Welche Gründe für die sachliche Rechtfertigung herangezogen werden können, zählt § 109 Abs 2 UG nur beispielhaft auf: Fortführung oder Fertigstellung von Forschungsprojekten und Publikationen. Die demonstrative Aufzählung in § 109 Abs 2 UG impliziert, dass auch andere Gründe mit vergleichbarem Rechtfertigungsgrad maßgeblich sein können (zB bevorstehende Pensionierung eines/einer chronisch kranken Mitarbeiters/in, der/die in den letzten Jahren immer wieder von der Ersatzkraft vertreten wurde).

Als sachliche Rechtfertigung wurde mit der UG-Novelle 2015 der Umstand der Verwendungsänderung eingeführt. Wechselt der Arbeitnehmer in eine andere Verwendung, kann gem § 109 Abs 3 UG „eine einmalige neuerliche Befristung" abgeschlossen werden (s 7.).

6.2. ProjektmitarbeiterInnen

Ausgenommen vom Verbot der Aneinanderreihung befristeter Arbeitsverhältnisse sind jene Mitarbeiter der Universität, „die im Rahmen von Drittmittelprojekten oder Forschungsprojekten beschäftigt werden". Mit dem

23 225 Beil StenProt NR XXIV. GP, 60 (im Zusammenhang mit der „Textgegenüberstellung").

Hinweis auf Forschungsprojekte sollen offensichtlich zwei unterschiedliche Bereiche angesprochen werden. Gemeinsames Kriterium beider Bereiche ist der Projektbezug. Schon nach allgemeinem Sprachgebrauch handelt es sich bei Projekten um in sich geschlossene Einheiten, Arbeiten oder Aufträge und nicht um Tätigkeiten und Leistungen auf unbestimmte Zeit. Dieses Verständnis entspricht der Zielsetzung des § 109 UG. Durch die Geschlossenheit des Projektes wird der sachlich gerechtfertigte Zusammenhang mit der zeitlichen Begrenzung der hierfür notwendigen Rechtsverhältnisse hergestellt. Auf unbestimmte Dauer ausgelegte Tätigkeiten von Universitätseinrichtungen (zB laufende pathologische Befundungen, Digitalisierungsarbeiten in einer Universitätsbibliothek, laufende Prüfungen des Zustandes von Gewässern, Wäldern etc, laufende Beobachtung der Arbeitsmarktsituation einer Region) fallen nicht unter die Ausnahmeregelung des § 109 Abs 2 UG, selbst wenn diese Leistungen ausschließlich von dritter Seite finanziert werden. In diesem Zusammenhang fällt im Übrigen die Inhomogenität der Materialien besonders auf. Während § 109 der Regierungsvorlage zum UG[24] ebenso wie der letztendlich beschlossene Gesetzestext von „Arbeitnehmerinnen und Arbeitnehmern, die im Rahmen von Drittmittelprojekten oder Forschungsprojekten beschäftigt werden" spricht, gehen die Erläuterungen[25] offensichtlich von einer anderen Formulierung aus. Ein sachlicher Grund iS des § 109 UG soll nämlich dann gegeben sein, wenn „die Mitarbeiterin oder der Mitarbeiter aus Drittmitteln bezahlt und entsprechend der Zweckbestimmung dieser Mittel beschäftigt wird". In dieser Definition findet sich weder der Begriff „Projekt" noch die Ergänzung von über den Drittmittelbereich hinausgehenden Forschungsprojekten.

Drittmittelprojekte sind nicht auf die wissenschaftliche Forschung bzw auf die Entwicklung und Erschließung der Künste beschränkt. Sie können sich ebenso auf die universitäre Lehre erstrecken (zB drittmittelfinanzierte Universitätslehrgänge) und – wenn dies von den Aufgaben der Universität iSd § 3 UG gedeckt ist – auch den nicht-wissenschaftlichen Bereich erfassen. Aus dem Umstand, dass das UG nicht nur Drittmittelprojekte nennt, sondern Forschungsprojekte expressis verbis ergänzend erwähnt, kann e contrario geschlossen werden, dass auch solche Projekte dem Ausnahmetatbestand des § 109 Abs 2 UG unterliegen, die nicht ausschließlich aus

24 1134 Beil StenProt NR XXI. GP, 49.
25 1134 Beil StenProt NR XXI. GP, 100.

Drittmitteln finanziert sind[26]. Diese Ansicht wird nunmehr auch durch § 109 Abs 4 UG untermauert, der im Zusammenhang mit Verwendungsänderungen ebenfalls sowohl Drittmittel- als auch Forschungsprojekte erwähnt. Die finanzielle Grundlage kann bei Forschungsprojekten teilweise oder gänzlich im universitären Globalbudget liegen. Innerhalb des Globalbudgets wird aber ein eigenes Projektbudget bzw ein spezifischer Budgetrahmen als Indiz für ein eigenständiges Forschungsprojekt iS des § 109 UG zu verlangen sein.

Bei Drittmittelprojekten iSd § 109 Abs 2 UG, die nicht nur Forschungszwecken dienen, werden hinsichtlich der Fremdfinanzierung strenge Kriterien heranzuziehen sein. In diesem Zusammenhang ist zu fordern, dass das Projekt ausschließlich aus Mitteln der Forschungsförderung oder aus Zuwendungen Dritter finanziert wird. Analog zu § 26 Abs 2 UG wird für die Inanspruchnahme von Personal und Sachmitteln der Universität voller Kostenersatz an die Universität zu leisten sein. Keine so strengen Maßstäbe wird man allerdings bei der Umlegung von Fixkosten auf das für das Projekt eingesetzte Universitätspersonal oder bei kalkulatorischen Kosten (zB der internen Personalverrechnung für die Projektmitarbeiter) anlegen können. Auch wenn derartige Kosten dem Projekt nicht angelastet werden, werden die Begünstigungen des § 109 Abs 2 UG zum Tragen kommen.

Vielfach kommt es bei der Durchführung von Drittmittel- und Forschungsprojekten nicht nur zum Einsatz von wissenschaftlichem, sondern auch von allgemeinem Universitätspersonal. Sowohl der Wortlaut des § 109 Abs 2 UG als auch die Zwecksetzung der Bestimmung lassen erkennen, dass das allgemeine Universitätspersonal von der gesetzlichen Ausnahmeregelung erfasst sein soll.

6.3. Lehrpersonal

Eine Aneinanderreihung befristeter Arbeitsverhältnisse zur Universität ist auch im Fall des „ausschließlich in der Lehre verwendeten Personals" zulässig. Der Hinweis auf die Lehre sollte eigentlich in einem Gesetz wie dem UG eine hinreichende Abgrenzung darstellen. Bei näherer Betrachtung ist dies keineswegs so klar, da vielfach Diskrepanzen zwischen den

---

26 Anderer Ansicht *Dumpelnik*, Universitätsarbeitsrecht, Wien 2008, 80, der keine Unterscheidung trifft und stets auf § 26 UG verweist.

organisationsrechtlichen und personalrechtlichen Bestimmungen erkennbar sind. So ist etwa die Universität gem § 1 UG berufen, der wissenschaftlichen Forschung und Lehre, der Entwicklung und der Erschließung der Künste sowie der Lehre der Kunst zu dienen. Dies deckt sich auch mit der Aufgabenstellung in § 3 UG. Die Lehre wird in diesem Zusammenhang stets umfassend in dem Sinn verstanden, dass nicht nur die Abhaltung der Lehrveranstaltungen an sich, sondern die gesamte Durchführung der Studien der Universität obliegt. Ein solches Verständnis der Lehre enthielt auch das UOG 1993. So sah etwa die Verfassungsbestimmung des § 4a Abs 1 UOG 1993[27] eine Ermächtigung für die Universitäten vor, mit anderen Rechtsträgern über die Zusammenarbeit „auf dem Gebiet der Lehre" Vereinbarungen abzuschließen. „Die betreffenden Studien und Prüfungen" sollten zur Gänze oder zum Teil auch außerhalb des österreichischen Staatsgebietes abgehalten werden können. Auch dieser Regelung zufolge war der Studienbetrieb integraler Bestandteil der Lehre. Die personalrechtlichen Vorschriften des BDG[28] enthalten hingegen einen Lehrbegriff, der sich eher auf die Durchführung bzw Mitwirkung bei Lehrveranstaltungen beschränkt. In diesem Sinn werden Aufgaben der Universitätslehrer in § 155 BDG mit Forschung (Entwicklung und Erschließung der Künste), Lehre und Prüfungstätigkeit, Betreuung der Studierenden, Heranbildung des wissenschaftlichen (künstlerischen) Nachwuchses sowie Organisations- und Verwaltungstätigkeit, Management und Mitwirkung bei Evaluierungsmaßnahmen umschrieben. Selbst wenn in dieser Umschreibung eine gewisse dienstgeberische Vorsicht zum Ausdruck kommt, zeigt sich sehr deutlich die Trennung zwischen Abhaltung von Lehrveranstaltungen und Abnahme von Prüfungen (Diplomprüfungen, Rigorosen etc) losgelöst von allgemeiner Studierendenbetreuung und Betreuung von Diplomanden und Dissertanten (zB § 165 Abs 1 Z 3 BDG). Im Gegensatz zum BDG knüpft etwa § 97 UG wiederum am weiten Lehrbegriff an und spricht im Zusammenhang mit den Pflichten der Universitätsprofessoren generell von „Lehre in ihrem Fachgebiet". Daraus kann jedoch nicht geschlossen werden, dass innerhalb des UG stets von einem umfassenden Lehrbegriff auszugehen ist. Ein Gegenbeispiel findet sich in § 107 Abs 2 UG, wonach „bei der Besetzung von Stellen, die ausschließlich für Aufgaben in der Lehre und mit geringem Beschäftigungsausmaß (Lehrauftrag) vorgesehen sind", von

---

27 Universitäts-Organisationsgesetz, BGBl 805/1993.

28 Beamten-Dienstrechtsgesetz 1979, BGBl 333/1979.

einer Ausschreibung abgesehen werden kann. Lehre wird in diesem Zusammenhang mit den typischen Aufgaben im Rahmen eines Lehrauftrages gleichgesetzt. Im Ergebnis bedeutet dies, dass der Lehrbegriff im UG kein einheitlicher ist, sondern dass im Einzelfall entsprechend der Zwecksetzung der Norm konkrete Abgrenzungen erforderlich sind.

Sinn und Zweck der Ausnahmeregelung für ausschließlich in der Lehre beschäftigtes Personal besteht wohl in der Besonderheit des durch Lehrveranstaltungen geprägten Lehrbetriebs der Universitäten. Inhaltlich geht es damit vorrangig um Zusammenhänge mit Lehre im engeren Sinn, d h um die Abhaltung von Lehrveranstaltungen in den verschiedensten Formen und in den unterschiedlichsten Schwierigkeitsgraden und den damit verbundenen Eigentümlichkeiten, wie Erfordernissen betreffend Vor- und Nachbereitung, Abnahme von Prüfungen und Wiederholungsprüfungen, Lehrfreiheit, leistungs- und zielorientierte Elemente (Lehrveranstaltung als Einheit) etc. Zeitlich geht es darum, dass die Lehre semesterweise abgehalten wird und dadurch ein gewisser Rhythmus von Zeiten für Lehrveranstaltungen und lehrveranstaltungsfreien Zeiten (s § 52 UG) entsteht. Dieser zeitliche Aspekt wird durch Universitätslehrgänge, die gem § 56 UG nur ausnahmsweise während der lehrveranstaltungsfreien Zeit durchgeführt werden dürfen, verstärkt. Hiebei sind auch Lehrbeauftragte, Bundes- und Vertragslehrer im Hochschuldienst[29], Existenzlektoren, Tutoren etc als historisch gewachsene Berufsbilder mit zu berücksichtigen. Sie prägen das Gesamtbild des universitären Lehrbetriebes. Die Gesetzesmaterialien betonen vor allem den quantitativen Aspekt: „Das notwendige Lehrveranstaltungsangebot ist wegen der sich ändernden studentischen Nachfrage, der Änderungen der Studienvorschriften und der Fluktuation des Lehrpersonals nicht konstant. Lehraufträge dienen der bedarfsorientierten Ergänzung des Lehrveranstaltungsangebots in quantitativer und qualitativer Hinsicht. Die Beschäftigungsdauer der Lehrbeauftragten hat sich daher an diesem wechselnden Bedarf zu orientieren“[30].

Eine Beschränkung des Begriffs der Lehre iSd § 109 UG auf den Fall der Lehrbeauftragten wäre jedoch unzulässig. Dies ergibt sich aus dem Vergleich des § 109 Abs 2 UG mit der Formulierung des § 107 Abs 2 Z 1 UG. Während § 107 Abs 2 Z 1 UG lediglich „Stellen, die ausschließlich für Aufgaben in der Lehre und mit geringem Stundenausmaß (Lehrauf-

29 Vgl OGH 25.6.2007, 9 ObA 139/06s.
30 1134 Beil StenProt NR XXI. GP, 100.

trag) vorgesehen sind", von der öffentlichen Ausschreibungspflicht ausnimmt, findet sich in der Ausnahmebestimmung des § 109 Abs 2 UG der wesentlich allgemeinere Begriff der Lehre.

Unter Lehre iSd § 109 Abs 2 UG sind grundsätzlich zu subsumieren:

- Abhaltung eigener Lehrveranstaltungen / Lehraufträge: Hiebei handelt es sich um die Durchführung von Lehrveranstaltungen im Rahmen von universitären Studien und Lehrgängen (einschließlich der Lehrveranstaltungen in der Studieneingangs- und Orientierungsphase iSd § 66 UG). Die Abhaltung eigener Lehrveranstaltungen bildet zweifellos den Hauptanwendungsfall der Ausnahmeregelung. Der klassischen Lehrveranstaltung gleichzuhalten ist die unterrichtende Betreuung von Fernstudien iSd § 53 UG. Keineswegs mehr eindeutig ist, ob zum Beispiel sonstige Seminare, Kurse, Vorträge etc unter Lehre iSd § 109 UG subsumiert werden können. Universitäre Lehre wird untrennbar mit universitären Studien zusammenhängen. Als Abgrenzungskriterium für den Begriff der Lehre iSd § 109 UG kann daher die studienrechtliche Verankerung herangezogen werden.
  Zur Durchführung eigener Lehre sind jedenfalls mit der Lehrveranstaltung verbundene Prüfungen, Evaluierungsmaßnahmen, Koordinierung mit anderen Lehrveranstaltungen sowie lehrveranstaltungsbezogene Studierendenverwaltung zu zählen.
- Mitwirkung an Lehrveranstaltungen im Sinnen von Vorbereitung, Begleitung, Mithilfe (Hilfestellungen in der Lehrveranstaltung selbst) und Nachbereitung der Lehrveranstaltung (Erstellen von Folien, Präsentationen, schriftlichen Unterlagen etc): Gerade bei der Erstellung von Unterlagen werden die Grenzen vielfach verschwimmen, wenn es sich zB um Unterlagen handelt, die nicht auf eine konkrete Lehrveranstaltung beschränkt sind. So wird die Mitwirkung bei der Erstellung von Lehrbüchern, die auch an anderen Universitäten und sonstigen Forschungs- und Bildungseinrichtungen Verwendung finden und vertrieben werden, nicht mehr unter die Ausnahmeregelung des UG fallen. Ein fachspezifisch konkreter Bezug zur Lehrveranstaltung muss vielmehr nachweisbar sein.
- Mitwirkung in der Lehrverwaltung: Lehrveranstaltungen sind regelmäßig mit einem gewissen Verwaltungsaufwand verbunden (Aufnahme und Benachrichtigung der Studierenden, E-Mail-Verkehr mit den Lehrveranstaltungsteilnehmern, Organisation der Lehrräume, Labors, Organisation von Exkursionen etc). Soweit die Lehrverwaltung einen un-

mittelbaren Zusammenhang mit einer oder mehreren konkreten Lehrveranstaltungen (auch von unterschiedlichen Lehrenden) aufweist, wird sie unter Lehre iSd § 109 UG subsumiert werden können. Fehlt dieser unmittelbare Bezug zu einzelnen Lehrveranstaltungen und kann vielmehr von allgemeiner Studierenden- und Studienverwaltung gesprochen werden (zB bei Mitarbeitern einer Studien- und Prüfungsabteilung, bei für Studienangelegenheiten zuständigen Dekanatsmitarbeitern oder bei Studierendenkoordinatoren eines Institutes) kommt die gesetzliche Ausnahmeregelung nicht mehr zum Tragen.

- Mitwirkung bei Prüfungen und wissenschaftlichen Arbeiten: Die Problematik bei Prüfungen stellt sich in ähnlicher Weise wie bei der Mitwirkung an Lehrveranstaltungen. Sofern Prüfungen und schriftliche Arbeiten (Seminararbeiten, Bachelorarbeiten etc) in direktem Zusammenhang mit Lehrveranstaltungen stehen, wird die Mitwirkung bzw mitwirkende Beurteilung der Lehre iSd § 109 UG zuzurechnen sein. E contrario ist die Mitwirkung bzw Vorkorrektur von schriftlichen Diplomprüfungen, Fachprüfungen etc, die losgelöst von Lehrveranstaltungen im Studienplan vorgesehen sind, ebenso wie die mitwirkende Betreuung von Diplomarbeiten und Dissertationen der Lehre nicht zurechenbar.

Keine Unterscheidung trifft § 109 UG im Zusammenhang mit dem Lehrbegriff zwischen wissenschaftlichem und allgemeinem Universitätspersonal. Der überwiegende Teil der der Lehre zugeordneten Aufgaben kommt jedoch ohnehin nur für wissenschaftliche Mitarbeiter in Frage. Vereinzelt werden aber auch bei gewissen Lehrveranstaltungen (zB in Labors, bei Freilandpraktika, Mikroskopieseminaren) Tätigkeiten nichtwissenschaftlichen Charakters erbracht. Arbeitsverträge mit derart nichtwissenschaftlichen, aber lehrveranstaltungsbezogenen Inhalten sind gleichfalls von der Ausnahme nach § 109 UG erfasst[31].

Im Zusammenhang mit dem Begriff der Lehre ist zu beachten, dass durch das Universitätsrechts-Änderungsgesetz 2009 eine spezifische Definition der nebenberuflich Lehrenden eingeführt wurde. § 100 Abs 4 UG idF BGBl 81/2009 umschreibt sie als Personen, die ausschließlich in der Lehre tätig sind, nicht mehr als vier Semesterstunden lehren und nach-

---

31 Eher anderer Ansicht *Schrammel* in Mayer (Hrsg), UG², Wien 2010, Erl IV.2. zu § 109; *Reissner* in Reissner/Tinhofer (Hrsg), Das neue Universitätsarbeitsrecht, Wien 2007, 51; *Dumpelnik*, Universitätsarbeitsrecht, Wien 2008, 81.

weislich einer anderen vollen Sozialversicherungspflicht auf Grund von Einkünften im Ausmaß von mindestens 60% der Höchstbeitragsgrundlage gem § 108 ASVG unterliegen. Diese nebenberuflich Lehrenden stehen gem § 100 Abs 5 UG in einem freien Dienstverhältnis zur Universität[32]. Auf sie kommt § 109 UG daher generell nicht mehr zur Anwendung. Dennoch handelt es sich um universitäre Lehre. (Ausschließliche) Mitwirkung an dieser Lehre (siehe oben) von Personen mit einem Arbeitsverhältnis zur Universität würde daher sehr wohl in den Anwendungsbereich des § 109 UG fallen.

6.4. Ersatzkräfte

Erleichterungen beim Abschluss befristeter Arbeitsverträge von Ersatzkräften sind weder dem Arbeitsrecht noch dem öffentlichen Dienstrecht fremd. So werden Befristungen als zulässig angesehen, wenn sie an ein objektiv bestimmbares Ereignis anknüpfen, dessen zukünftiger Eintritt zum Zeitpunkt der Vereinbarung feststeht[33]. Dementsprechend hat die Rechtsprechung die Einstellung bis zur Beendigung der Karenz einer Arbeitnehmerin[34] ebenso akzeptiert wie eine Befristung für die krankheitsbedingte Abwesenheit eines Arbeitnehmers[35]. Das VBG[36] nimmt in § 4a Abs 2 Vertragsbedienstete, die „nur zur Vertretung aufgenommen" werden, vom strengen Aneinanderreihungsverbot des § 4 Abs 4 VBG aus[37]. Sonderbestimmungen sah auch das universitäre Personalrecht vor. Gem § 51 Abs 3 Z 2 VBG konnten etwa vollzeitbeschäftigte Vertragsassistenten „für die Dauer eines Karenzurlaubes oder einer anderen Abwesenheit" aufgenommen werden.

Die Notwendigkeit einer Ausnahme für Ersatzarbeitskräfte anerkennt das UG in § 109 Abs 2. Ersatzarbeitskräfte iSd Bestimmung sind Arbeit-

---

32 Vgl *Löschnigg*, Die arbeitsrechtliche Stellung der Universitätslektoren nach dem Universitäts-Änderungsgesetz 2009, in Barta/Radner/Rainer/Scharnreitner (Hrsg), Analyse und Fortentwicklung im Arbeits-, Sozial- und Zivilrecht. Festschrift für Martin Binder, Wien 2010, 281.

33 Vgl zB *Löschnigg*, Arbeitsrecht[12], Wien 2015, 260.

34 OGH 25.2.1958, SozM I A/a, 27; s aber auch die Bedenken des OGH in der E v 3.4.2008, ARD 5872/3/2008.

35 OGH 23.2.1971, Arb 8843.

36 Vertragsbedienstetengesetz, BGBl 86/1948.

37 S etwa OGH 25.2.1998, ZAS 1998, Judblg 34.

nehmerInnen, die zur Vertretung anderer Mitarbeiter aufgenommen werden. Der Grund für den Vertretungsfall ist irrelevant. Typische Fälle wären längere Krankheiten, Elternkarenz, Erholungs- und Sonderurlaube, Freistellungen gem § 160 BDG, Suspendierungen, vorübergehende Dienstzuteilungen und Versetzungen, Abwesenheiten aufgrund von Auslandsaufenthalten, besondere Funktionen etc. Der Begriff der Vertretung impliziert aber den vorübergehenden Charakter der Abwesenheit.

Eine Ersatzkraft kann auch die Vertretung von zwei oder mehreren Arbeitnehmern innehaben. Ebenso kann die Vertretung von Mitarbeitern zeitlich hintereinander in ein und demselben Dienstverhältnis erfolgen. Der innere Zusammenhang zu den einzelnen Arbeitsplätzen und zu den zu ersetzenden Arbeitnehmern darf jedoch nicht verloren gehen. Dies wäre etwa bei sog „Springern" der Fall, die ohne bestimmten Bezug zu konkreten Arbeitnehmern und Arbeitsplätzen zur beliebigen Vertretung aufgenommen werden.

Von einer Ersatzarbeitskraft kann auch dann noch gesprochen werden, wenn sich das ersetzende Arbeitsverhältnis mit dem zu ersetzenden Arbeitsverhältnis zeitlich überlappt und dies sachlich begründet ist. Erforderlich sind solche Überschneidungen vielfach zur Einschulung von Ersatzarbeitskräften[38] (zB bei Freistellungen oder Karenzierungen, wenn die Absenz von Arbeitnehmern planbar ist). Im Zusammenhang mit Abschlussarbeiten kann es gleichfalls zu zeitlichen Überschneidungen kommen, ohne dass der Charakter der Ersatztätigkeit verloren geht. Voraussetzung hiefür ist allerdings, dass die Befristungsabrede diese Tätigkeit noch beinhaltet und keine schlüssige Vereinbarung eines unbefristeten Arbeitsverhältnisses angenommen werden kann.

Abgesehen von diesen Sonderfällen müssen sich Ausmaß und Aufgabenbereiche des abwesenden Stelleninhabers und der Ersatzkraft im Wesentlichen decken[39]. So liegt keine Ersatztätigkeit iSd § 109 Abs 2 UG vor, wenn ein wissenschaftlicher Mitarbeiter zur Vertretung eines abwesenden administrativen Mitarbeiters aufgenommen wird und wissenschaftliche Aufgaben erfüllt. Aufgrund der Umgehungsabsicht fallen solche „Vertretungen" nicht unter die Begünstigung des § 109 Abs 2 UG, sodass jede Verlängerung bzw neuerliche Befristung zum Entstehen eines unbefristeten Arbeitsverhältnisses führt. Ein gleiches Qualifikationsniveau

38 Vgl hiezu auch OGH 5.4.1960, SozM I D 261.
39 Vgl *Reissner* in Reissner/Tinhofer (Hrsg), Das neue Universitätsarbeitsrecht, Wien 2007, 51.

muss nicht gegeben sein. Werden etwa für einen karenzierten Universitätsprofessor zwei halbbeschäftigte Assistenten ohne Doktorat aufgenommen, handelt es sich dennoch um Ersatzkräfte.

Die Ausnahmeregelung für Ersatzarbeitskräfte in § 109 Abs 2 UG kommt sowohl für das wissenschaftliche als auch für das nichtwissenschaftliche Universitätspersonal zum Tragen. Gegenteiliges lässt sich weder aus dem Wortlaut noch aus dem Zweck der Bestimmung ableiten.

6.5. Kombination von befristeten und unbefristeten Arbeitsverhältnissen

§ 109 Abs 2 UG spricht von einer mehrmaligen unmittelbar aufeinander folgenden Befristung. Nicht erwähnt wird der Fall, dass ein befristeter Arbeitsvertrag im Anschluss an ein Dienstverhältnis auf unbestimmte Zeit abgeschlossen wird, sodass sich die Frage stellt, ob die Wertungen des § 109 auf derartige Konstellationen zu übertragen sind.

Rechtsprechung und Lehre prüfen die Zulässigkeit von Kettendienstverträgen im Allgemeinen in Hinblick auf die Sachgerechtigkeit der Aneinanderreihung und auf eine Umgehung der Kündigungsbeschränkungen, insb des allgemeinen Kündigungsschutzes. Diese Prüfung kann auf Grund der Konstruktion des § 109 UG unterbleiben: Es wird unwiderleglich vermutet, dass eine zweite unmittelbar anschließende Befristung – abgesehen von den Ausnahmefällen der Abs 2 u 3 – sachlich nicht gerechtfertigt ist. Reicht aber das Faktum der Aneinanderreihung aus, um die Rechtsfolgen des § 109 auszulösen, dann wird es keinen Unterschied machen, ob vor einem befristeten Arbeitsverhältnis schon ein anderes Arbeitsverhältnis auf bestimmte Zeit oder ein solches auf unbestimmte Zeit eingegangen worden war. Man wird eher iS eines Größenschlusses argumentieren können und den Rückfall in den befristeten Vertrag umso sensibler einstufen als den Verbleib in der Befristung. Ob eine analoge Anwendung des § 109 Abs 2 UG in Frage kommt, lässt sich aber nur im Zusammenhang mit der konkreten Konstellation, dem Umgehungspotential der Vorgehensweise und dem Vergleich mit den im UG tolerierten Fällen einer Befristung beantworten.

6.6. Zeitliche Höchstgrenzen

§ 109 Abs 2 UG unterscheidet in Bezug auf die höchstzulässige Gesamtdauer der Aneinanderreihung befristeter Arbeitsverhältnisse zwischen Vollzeitbeschäftigung und Teilzeitbeschäftigung. Während Teilzeitarbeitsverhältnisse grundsätzlich bis zu einer Gesamtdauer von acht Jahren aneinander gereiht werden dürfen, ist dies bei Vollzeitarbeitsverhältnissen nur bis zu einer Dauer von insgesamt sechs Jahren zulässig.

Auch wenn die Lücken zwischen den einzelnen Befristungen ein so geringes Ausmaß aufweisen, dass noch von „unmittelbar" aufeinanderfolgenden Arbeitsverhältnissen auszugehen ist (vgl 5.2.), werden diese zeitlichen Lücken bei den Maximalgrenzen dennoch nicht zu berücksichtigen sein. Unter „Gesamtdauer" wird eher die Dauer der Arbeitsverhältnisse an sich (ohne Hinzuzählung der Lücken) zu verstehen sein.

Dienstverhinderungen, Freistellungen, Karenzierungen etc, dh Zeiten, in denen nicht gearbeitet wird, das Arbeitsverhältnis dem Grunde nach aber besteht, sind für die zeitlichen Höchstgrenzen hingegen zu beachten.

Durch das Universitätsrechts-Änderungsgesetz 2009[40] wurde die Möglichkeit geschaffen, die zeitlichen Grenzen noch weiter hinauszuschieben: Eine über die Sechs- bzw Acht-Jahres-Grenze hinausgehende einmalige Verlängerung bis zu insgesamt zehn Jahren (bei Teilzeitarbeit bis zu zwölf Jahren) ist bei sachlicher Rechtfertigung zulässig. Hervorzuheben ist, dass die Überschreitung der Sechs- bzw Acht-Jahres-Grenze nur durch einen einzigen Arbeitsvertrag möglich ist.

Beispiel: Am Ende einer Kette von Teilzeitbeschäftigungen (Mitarbeit an Drittmittelprojekten) mit einer Gesamtdauer von 8 Jahren wird zur Beendigung des letzten laufenden Projektes ein weiterer Vertrag (1.7.2016 bis 31.12.2016) vereinbart. Auf Grund unvorhergesehener Umstände verschiebt sich der Abschluss des Projekts auf den 30.6.2017. Trotz sachlicher Rechtfertigung und Einhaltung der zeitlichen Obergrenze (von zwölf Jahren) wäre ein weiterer befristeter Arbeitsvertrag vom 1.1.2017 bis 30.6.2017 unzulässig.

Der über die Sechs- bzw Acht-Jahres-Grenze hinausreichende Vertrag muss nicht exakt am Ende der Sechs- bzw Acht-Jahres-Grenze beginnen. Wenn zB nach einer Beschäftigungsdauer von 5 ½ Jahren (Vollzeit) klar ist, dass das Forschungsprojekt noch eineinhalb Jahre dauern wird, dann

---

40 BGBl I 81/2009.

wäre auch nach 5 ½ Jahren ein weiterer befristeter Arbeitsvertrag bis zum Projektende (dh bis zum Ende des 7. Jahres) möglich. Voraussetzung für die Zulässigkeit der einmaligen Überschreitung der Sechs- bzw Acht-Jahres-Grenze ist stets die sachliche Rechtfertigung der neuerlichen Befristung.

6.7. Höchstgrenzen in Abhängigkeit vom Beschäftigungsausmaß

Wechselt ein Arbeitnehmer zwischen Voll- und Teilzeitarbeitsverhältnissen, dann stellt sich die Frage, in welcher Form die unterschiedlichen zeitlichen Höchstgrenzen von sechs und zehn bzw von acht und zwölf Jahren zu berücksichtigen sind. Mehrere Lösungen sind denkbar. So könnte etwa jene zeitliche Grenze herangezogen werden, die der überwiegenden Dauer der Teil- oder Vollbeschäftigung entspricht. Auch in diesem Fall einer Teilzeitproblematik[41] wird man aber am ehesten mit der Pro-Rata-Temporis-Regel ein sachgerechtes Ergebnis erzielen können, dh die höchstzulässige Beschäftigungsdauer ist entsprechend den Voll- und Teilzeitphasen zu ermitteln[42].

Setzt man die allgemeine Maximaldauer für „Vollzeitbefristungen" (sechs Jahre) zur Maximaldauer für „Teilzeitbefristungen" (acht Jahre) in Relation, kommt man zu einer Verhältniszahl (Umrechnungsfaktor) von 3/4 bzw 4/3. Hiebei kann zur Ermittlung der maximalen Gesamtbefristung in Vollzeit- oder Teilzeitäquivalenten gerechnet werden.

Beispiel 1 *(gerechnet in Vollzeitäquivalenten, dh gerechnet mit Maximalbefristung von sechs Jahren):*

Teilzeit (in Monaten)	**Vollzeit** (in Monaten)	**Maximale Restzeit** (in Monaten)
6 12	24	
18 Monate x 3/4 = 13,5	24	

41 Zu Teilzeit und Pro-Rata-Temporis-Regel vgl etwa EuGH 24.4.2008, C-55/07 und C-56/07.

42 Ebenso *Schrammel* in Mayer (Hrsg), UG², Wien 2010, Erl II.3 zu § 109.

	Gesamt zurückgelegte Monate (VZÄ) 37,5	**Verbleibende Monate (VZÄ)** 34,5
	72 Monate bzw 6 Jahre	

Beispiel 2 *(gerechnet in Teilzeitäquivalenten, dh gerechnet mit Maximalbefristung von acht Jahren):*

Teilzeit (in Monaten)	**Vollzeit** (in Monaten)	**Maximale Restzeit** (in Monaten)
6 12 6	12 12	
24	24 x 4/3 = 32	
Gesamt zurückgelegte Monate (TZÄ) **56**		**Verbleibende Monate (TZÄ)** 40
	96 Monate bzw 8 Jahre	

Die in obigen Beispielen errechnete Restzeit kann – gewichtet mit dem jeweiligen Umrechnungsfaktor – wiederum beliebig in Voll- und Teilzeitdienstverhältnisse aufgeteilt werden.

Mitunter wird während eines Teilzeitarbeitsverhältnisses (zB 20 Stunden Ersatzkraft) ein zweites Arbeitsverhältnis (zB 20 Stunden für ein Drittmittelprojekt einer anderen Organisationseinheit) eingegangen[43] oder das Arbeitsverhältnis für eine gleichfalls nach § 109 UG begünstigte Tätigkeit auf 40 Stunden aufgestockt. In diesen Fällen sind jene Zeiträume, für die in Summe die 40 Stunden Grenze erreicht wird, als Vollzeitarbeitsverhältnisse zu rechnen.

Als Vollzeitarbeit sind Zeiten auch dann zu werten, wenn zwar eine Teilzeitbeschäftigung vereinbart war, auf Grund von Mehrstunden aber im Durchschnitt regelmäßig 40 Stunden/Woche gearbeitet wurde.

Dass § 109 UG in Bezug auf die höchstzulässige Beschäftigungsdauer lediglich zwischen Vollzeit- und Teilzeitbeschäftigung unterscheidet und kein konkretes Beschäftigungsausmaß benennt, ist insofern problematisch,

43 Zur Zulässigkeit eines weiteren Arbeitsverhältnisses vgl *Löschnigg*, Zulässigkeit mehrerer Arbeitsverhältnisse zur Universität und Höchstgrenzen der Arbeitszeit, unilex 2005, H 1-2, 17.

als das Beschäftigungsausmaß im Arbeitsvertrag frei vereinbart werden kann und bei einer gesetzlichen Normalarbeitszeit von 40 Stunden/Woche (§ 110 Abs 2a UG; § 3 Abs 1 AZG[44]) ein Beschäftigungsausmaß von 35 Stunden ebenso als Teilzeitarbeit angesehen werden muss wie eine geringfügige Beschäftigung im Ausmaß von acht Stunden/Woche. Bei einer Beschäftigung von 39 Stunden/Woche könnten Arbeitsverhältnisse bis zu acht bzw zwölf Jahren, bei einer Beschäftigung von 40 Stunden/Woche hingegen nur bis zu sechs bzw zehn Jahren kombiniert werden. De lege ferenda wäre über eine derartige Wertung durchaus zu diskutieren. De lege lata ist § 109 UG diesbezüglich jedoch eindeutig. Auch mit der Definition der Teilzeitarbeit in § 19d Abs 1 AZG wird im Wesentlichen derselbe Weg beschritten. Im Fall einer 39 Stunden-Woche wird man daher nicht von einer Umgehung des § 109 UG sprechen können. Für den Gesetzgeber wäre es ein Leichtes gewesen, sich einer anderen Begriffsbildung zu bedienen.

6.8. Kombination begünstigter und nicht begünstigter Beschäftigungen

Erfolgt ein Wechsel von einer gem § 109 Abs 2 UG nicht begünstigten Beschäftigung, etwa einer Assistentenstelle im Rahmen des Globalbudgets, auf eine gem § 109 Abs 2 UG begünstigte Beschäftigung, zB im Rahmen eines Lehrauftrages[45], oder umgekehrt, ist unklar, ob dadurch ein unzulässiges Kettendienstverhältnis begründet wird. Zu beachten ist, dass die dienstrechtlichen Vorläuferbestimmungen zum UG erheblich längere befristete Beschäftigungsphasen[46] vorsahen, um die Eignung von Mitarbeitern für eine wissenschaftliche Karriere zu prüfen. Das UG verlangt von den Universitäten, dass entsprechende Entscheidungen wesentlich früher oder im Rahmen eines Arbeitsverhältnisses auf unbestimmte Zeit getroffen werden. Die Unzulässigkeit der Aneinanderreihung befristeter Arbeitsverhältnisse sollte das Risiko der prekären Vertragsgestaltung abschwächen. Die besonderen Zweckbestimmungen des § 109 UG bilden generelle

44 Arbeitszeitgesetz, BGBl 461/1969.

45 Zur Rechtsnatur von Lehraufträgen vgl *Gerhartl*, Dienstnehmereigenschaft bei Lehrtätigkeit, ASoK 2009, 27.

46 Vgl zB § 6 Hochschulassistentengesetz 1962, wonach eine befristete Beschäftigung von Universitäts(Hochschul-)assistenten bis zu einer Gesamtverwendungsdauer von 14 Jahren zulässig war.

Ausnahmen von diesen Überlegungen. Sie bergen die unwiderlegliche Vermutung der Rechtfertigung der Befristung in sich. Dieser Zweck geht auch nicht verloren, wenn sich ein anderes motiviertes Dienstverhältnis zur Universität dazwischen schiebt. Prävaliert der „begünstigte" Zweck, dann ist die Kombination von nach § 109 Abs 2 UG begünstigten Arbeitsverhältnissen mit sonstigen Arbeitsverhältnissen zulässig.

Vor Inkrafttreten der UG-Novelle BGBl I 131/2015 wäre wohl auch eine mehrfache Kombination derartiger Befristungen zulässig gewesen[47]. Seit der Novelle ist insofern eine Änderung eingetreten, als § 109 Abs 4 UG einen solchen Fall, nämlich den Wechsel von oder zu einer Stelle im Rahmen eines Drittmittel- oder Forschungsprojekts, explizit erwähnt. Dies bedeutet, dass obige Fälle der neugeschaffenen Bestimmung des § 109 Abs 3 UG unterliegen und nur mehr eine einmalige Verwendungsänderung unter Heranziehung eines weiteren befristeten Vertrages zulässig ist (s hiezu 7.).

7. Mehrfachbefristungen nach WissZeitVG[48]

Das WissZeitVG kennt kein Prinzip der Einmalbefristung iSd § 109 UG (s 5.2.). Es sieht im Gegenteil explizit in § 2 Abs 1 letzter Satz vor, dass innerhalb der jeweils zulässigen Befristungsdauer auch Verlängerungen eines befristeten Arbeitsvertrages möglich sind.

Nach § 2 Abs 1 WissZeitVG sind Befristungen bis zu einer Gesamtdauer von sechs Jahren zulässig, wenn die befristete Beschäftigung zur Förderung der eigenen wissenschaftlichen oder künstlerischen Qualifizierung erfolgt. Nach abgeschlossener Promotion ist die Befristung – wiederum unter dem Qualifizierungsvorbehalt für den Mitarbeiter – ebenfalls bzw nochmals bis zu sechs Jahren, im Bereich der Medizin bis zu neun Jahren, zulässig. Die nachpromotionelle zulässige Befristungsdauer verlängert sich in dem Umfang, in dem Zeiten einer vorpromotionellen befristeten Beschäftigung und Promotionszeiten ohne Beschäftigung zusammen weniger als sechs Jahr betragen haben. Damit soll einerseits gewährleistet werden, dass der Qualifikationszeitraum mit 12 bzw 15 Jahren begrenzt

47 S *Löschnigg/Rainer*, Aneinanderreihung von (befristeten) Arbeitsverträgen nach Universitätsgesetz 2002, in Funk (Hrsg), Öffentliche Universitäten im wirtschaftlichen Wettbewerb, Wien 2010, 136.

48 Näheres s den Beitrag von *Barbknecht* in diesem Band.

ist, dass aber umgekehrt stets ein Zeitraum von 12 bzw 15 Jahren ausgeschöpft werden kann.

Insbesondere Kinderbetreuungen, Behinderungen, schwerwiegende chronische Erkrankungen verlängern die zulässige Befristungsdauer.

8. Verwendungsänderungen

8.1. Die UG-Novelle BGBl I 131/2015

Änderungen hinsichtlich der Tätigkeit sind – wie bei allen Institutionen und Unternehmen – auch an den Universitäten erforderlich bzw erwünscht. Insbesondere unter dem Stichwort (besser: Schlagwort) der universitären Karriere firmiert die Idee, dass das Ziel der Professur durch bestimmte Aus- und Qualifizierungsschritte und dadurch bedingte Verwendungsänderungen erreicht wird[49]. Ausfallsquoten beim wissenschaftlichen Personal spielen im Gegensatz zur Ausbildung der Studierenden bzw zu den Studienabschlüssen keine Rolle. Sie sind systemimmanent und sollen zugunsten der übergeordneten Zielsetzung der Wissenschaft in Kauf genommen werden. Rechtlich zu klären ist damit, ob zB der Weg vom studentischen Mitarbeiter über den Universitätsassistenten ohne Doktorat, den Universitätsassistenten mit Doktorat, über die Habilitation zum Privatdozenten und weiter zum Universitätsprofessor mittels einer Aneinanderreihung befristeter Arbeitsverträge beschritten werden kann. Hiebei können auch gewisse „Umwege" (zB als Tutor, Tätigkeit im nicht-wissenschaftlichen Dienst, Lehraufträge im Rahmen von Arbeitsverhältnissen, Mitarbeit bei Drittmittelprojekten) vorkommen.

Für diese Problemlagen hat der Gesetzgeber mit der UG-Novelle BGBl I 131/2015 spezifische Regelungen geschaffen: Gemäß § 109 Abs 3 UG ist eine einmalige neuerliche Befristung zulässig (zu den zeitlichen Grenzen s 8.2.), wenn ein Arbeitnehmer im Sinn des § 100 UG in eine andere Verwendung wechselt. Gemäß Abs 4 leg cit liegt eine andere Verwendung vor allem dann vor, wenn durch den Wechsel eine weitere Karrierestufe (zB Postdoc-Stelle) erreicht wird oder der Wechsel von oder zu

49 S dazu auch den Essay von *Löschnigg*, Via Jacobi und wissenschaftliche Karriere – Ein Vergleich zweier unsicherer Wege in Legat/Prettenthaler-Ziegerhofer (Hrsg), Akademische Blütenlese für Otto Fraydenegg-Monzello, Graz 2014, 36.

einer Stelle im Rahmen eines Drittmittel- oder eines Forschungsprojekts erfolgt.

Vorweg ist der angesprochene Personenkreis zu beachten. Zu den Arbeitnehmern im Sinn des § 100 UG zählen ausschließlich wissenschaftliche und künstlerische Mitarbeiter im Forschungs-, Kunst- und Lehrbetrieb. Dies ist deshalb zu betonen, da ein Wechsel zwischen wissenschaftlicher/künstlerischer Tätigkeit und allgemeiner/sonstiger Tätigkeit wohl eine Verwendungsänderung im Sinn des § 109 Abs 3 UG darstellen wird. Der Abschluss eines befristeten Arbeitsvertrages zu wissenschaftlichen Tätigkeiten wäre im Anschluss an einen befristeten Arbeitsvertrag zu allgemeinen Tätigkeiten zulässig, nicht aber umgekehrt. Eine derartige Differenzierung ist keineswegs einsichtig, ein Versehen des Gesetzgebers kann darin aber nicht erblickt werden, wenn expressis verbis auf Arbeitnehmer im Sinn des § 100 UG verwiesen wird.

Noch vor Inkrafttreten der UG-Novelle BGBl I 131/2015 hat der OGH eine Entscheidung mit in diesem Zusammenhang zentraler Bedeutung gefällt[50]. Konkret wurde mit einem wissenschaftlichen Mitarbeiter vier Monate nach diversen Karenzvertretungen (in den Fachbereichen Rechtsvergleichung und Internationales Privatrecht sowie Bürgerliches Recht und Zivilverfahrensrecht) ein weiteres Arbeitsverhältnis, eine „Dissertantenstelle" im Fachbereich Arbeits-, Wirtschafts- und Europarecht, eingegangen. Der OGH sah darin keinen Verstoß gegen das Kettenvertragsverbot. Das Höchstgericht argumentierte allerdings nicht mit der Zulässigkeit einer Kombination von begünstigten und nicht-begünstigten Beschäftigungen (s 6.8.), sondern mit dem fehlenden inneren Konnex der Tätigkeiten: „Ausgehend davon, dass eine deutliche Unterbrechung zwischen den beiden Arbeitsverhältnissen vorlag, die Befristung auch auf die jeweiligen unterschiedlichen Aufgabenstellungen abstellte, die Fachbereiche und auch die Zielrichtung der Arbeitsverhältnisse unterschiedlich waren und ein auf dem Interesse der Universität beruhender, auf spezielle Qualifikationen des Klägers abstellender Zusammenhang zwischen Beendigung des ersten und der Ausschreibung und Besetzung des zweiten Arbeitsverhältnisses nicht nachgewiesen wurde, können diese beiden Arbeitsverhältnisse auch nicht als „unmittelbar aufeinander folgend" im Sinne des § 109 Abs 2 UG qualifiziert werden. Andernfalls müsste man davon ausgehen, dass es den Universitäten regelmäßig untersagt wäre, einem wissenschaftlichen

50 OGH 26. 2. 2014, 9 ObA 75/13i, DRdA 2015, 30 mit Bespr v *Schrammel.*

Mitarbeiter nach einem befristeten Arbeitsverhältnis in einem anderen Fachbereich die Chance zu geben, seine Eignung für eine wissenschaftliche Laufbahn im Rahmen eines anderen befristeten Arbeitsverhältnisses unter Beweis zu stellen." Dieser Ansatz ist mE höchstens bedenklich, da er sich vom gesetzlichen Konzept expliziter taxativer Ausnahmen vom Kettenvertrag völlig löst. Zu Recht schließt daraus auch *Schrammel*[51], dass damit die Universität die Möglichkeit hätte, einen wissenschaftlichen Mitarbeiter nach Beendigung eines befristeten Arbeitsverhältnisses auch unmittelbar anschließend in einem anderen Fachbereich (Institut) befristet einzustellen, wenn es hier nicht primär darum geht, den Mitarbeiter wegen seiner an der Universität erworbenen bzw erwiesenen Fachqualifikationen weiter zu beschäftigen.

Die Bedeutung dieser Entscheidung ist jedoch vor dem Hintergrund der geänderten Rechtslage zu relativieren. Für das wissenschaftliche/künstlerische Personal ist die durch BGBl I 131/2015 geschaffene Neuregelung als abschließende Normierung des Verhältnisses von Befristung und Verwendungsänderung zu verstehen. Auch wenn die Änderung der Tätigkeit hinsichtlich organisatorischer Zuordnung (Institut, Fachbereich, Department, Fakultät), geforderten Ausbildungsniveaus, unterschiedlicher Finanzierungsansätze (Globalbudget, Drittmittel), hinsichtlich der Art der Tätigkeit (dem allgemeinen Personal zugeordnete Verwendung, gravierende Änderungen im Verhältnis von Forschung und Lehre) etc wesentlich ist, ist eine weitere (unmittelbar anschließende) Befristung gem § 109 Abs 3 UG nur ein einziges Mal zulässig.

Wendet man § 109 Abs 3 UG im Sinn des Wortlauts nur auf das wissenschaftliche/künstlerische Personal an, dann kommen allerdings die obigen Überlegungen des OGH weiterhin für das allgemeine Personal, insbesondere im Fall eines Wechsels in ein befristetes Arbeitsverhältnis mit wissenschaftlicher/ künstlerischer Verwendung, zum Tragen.

8.2. Zeitliche Höchstgrenzen

Kommt es zu einer Verwendungsänderung iSd § 109 Abs 3 UG, ist eine einmalige neuerliche Befristung bis zur Gesamtdauer von sechs Jahren, im Fall von Teilzeitbeschäftigung bis zu acht Jahren, zulässig. Wenn von

---

51 DRdA 2015, 34.

„Gesamtdauer“ die Rede ist, kann dies nur dahingehend gedeutet werden, dass die erste und die zweite Befristung zusammen den Zeitraum von 6 bzw 8 Jahren nicht überschreiten dürfen. Die von den Universitäten vielfach angestrebte Variante eines auf vier Jahre befristeten Arbeitsverhältnisses als Praedoc und eines auf sechs Jahre befristeten Arbeitsverhältnisses als Postdoc (mit dem gleichzeitigen Abschluss einer Qualifizierungsvereinbarung zur Erreichung der Habilitation) kann damit nicht realisiert werden.

Beschäftigungszeiten einer studentischen Mitarbeit (im Rahmen eines Arbeitsverhältnisses) bleiben gem § 109 Abs 3 letzter Satz UG „unberücksichtigt“. Dies wird in dem Sinn zu verstehen sein, dass nicht nur die Beschäftigungsdauer als studentischer Mitarbeiter für die Höchstgrenzen außer Betracht bleibt, sondern dass diese Tätigkeit nicht den Abschluss einer „neuerlichen Befristung“ verhindert. Wenn beispielsweise ein Studierender ein Semester als studentischer Mitarbeiter angestellt war und in weiterer Folge einen befristeten Arbeitsvertrag auf vier Jahre als Universitätsassistent (Praedoc) erhält, dann kann danach noch ein befristeter Vertrag als Postdoc (mit anderem Verwendungsbild) für die Dauer von 2 Jahren abgeschlossen werden. Die Tätigkeit als Praedoc bildet noch keine „neuerliche Befristung“ in Relation zur studentischen Mitarbeit.

Zu beachten ist, dass die studentische Mitarbeit nur in Zusammenhang mit Verwendungsänderungen nach § 109 Abs 3 UG neu geregelt wurde. Die rechtliche Situation bei Aneinanderreihungen von Arbeitsverträgen mit studentischen Mitarbeitern ist gleich geblieben. Das heißt, dass befristete Verträge von studentischen Mitarbeitern nicht unmittelbar hintereinander abgeschlossen werden dürfen, außer es handelt sich um die vom Gesetz begünstigten Fälle (zB studentische Mitarbeiter, die ausschließlich für die Lehre eingesetzt werden).

§ 109 Abs 3 UG setzt schließlich die Höchstgrenzen für befristete Arbeitsverträge bei Verwendungsänderungen in Relation zu den sonstigen zeitlichen Grenzen für Befristungen und sieht hiefür zwei prinzipielle Ansätze vor:

a) Alle Befristungen – auszunehmen sind die Beschäftigungsverhältnisse von studentischen Mitarbeitern – sind zusammenzurechnen.
b) Die zeitlichen Höchstgrenzen für die „begünstigten Beschäftigungen“ (s. 6.6.) bilden auch die Höchstgrenzen für die Kombination sämtlicher befristeter Arbeitsverhältnisse.

Diese zwei Grundprinzipien schaffen für gewisse Konstellationen keine hinreichende Klarheit. Insbesondere stellt sich die Frage, ob eine Verwendungsänderung im Sinn des § 109 Abs 3 UG eine sachliche Rechtfertigung für eine Verlängerung (auf 10 bzw 12 Jahre) nach § 109 Abs 2 UG (s 6.6.) sein kann. Da Abs 2 und Abs 3 leg cit von unterschiedlichen Anlassfällen für die Zulässigkeit der Aneinanderreihung befristeter Beschäftigungen ausgehen und die Verwendungsänderung von den begünstigten Beschäftigungen des Abs 2 systematisch streng getrennt geregelt wird, setzt der Sonderfall der sachlichen Rechtfertigung stets eine begünstigte Beschäftigung voraus. Wird etwa ein vollzeitbeschäftigter Arbeitnehmer 6 Jahre lang in Drittmittel- oder Forschungsprojekten beschäftigt, dann kann er nicht im Rahmen eines befristeten Vertrages als Universitätsassistent (mit oder ohne Doktorat) für weitere 4 Jahre angestellt werden.

9. Konsequenzen rechtswidriger Vertragsgestaltung[52]

Der Bestimmung des § 109 Abs 1 UG zufolge können Arbeitsverhältnisse auf bestimmte Zeit „bei sonstiger Rechtsunwirksamkeit des Arbeitsverhältnisses auf höchstens sechs Jahre" befristet werden. Längere Befristungen würden bei wörtlicher Interpretation zur Nichtigkeit des gesamten Arbeitsvertrages führen. Der Ausschussbericht[53], der allerdings zumeist den Wortlaut der Regierungsvorlage unreflektiert wiederholt, spricht gleichfalls davon, dass Arbeitsverträge, die für einen längeren Zeitraum abgeschlossen werden, „zur Gänze rechtsunwirksam" sind.

Gem § 109 Abs 2 UG ist eine mehrmalige unmittelbar aufeinander folgende Befristung nur bei bestimmten Arbeitnehmergruppen (s oben) „zulässig". Die Gesamtdauer solcher unmittelbar aufeinander folgender Arbeitsverhältnisse darf sechs bzw zehn Jahre, im Fall der Teilzeitbeschäftigung acht bzw zwölf Jahre nicht überschreiten. Im Gegensatz zu Abs 1 stellt Abs 2 leg cit nur die Unzulässigkeit gewisser Vertragskonstruktionen fest, nennt aber keine Sanktion. Da es stets um zeitliche Höchstgrenzen geht, die sich mit der Sechs-Jahres-Grenze des Abs 1 leg cit sogar teilweise decken, und die Zielsetzung der beiden Absätze ähnlich ist, könnte man

52 S teilweise bereits in *Löschnigg/Rainer*, Aneinanderreihung von (befristeten) Arbeitsverträgen nach Universitätsgesetz 2002, in Funk (Hrsg), Öffentliche Universitäten im wirtschaftlichen Wettbewerb, Wien 2010, 142.

53 1224 BlgStenProt NR XXI. GP, 9.

auch von derselben Rechtsfolgenanordnung ausgehen. Dennoch unterscheiden sowohl *Schrammel*[54] als auch *Reissner*[55] und *Dumpelnik*[56] zwischen den Rechtsfolgen bei Verstößen gegen Abs 1 einerseits und Abs 2 andererseits.

Unter Berufung auf den Gesetzeswortlaut wird von den genannten Autoren die Auffassung vertreten, dass bei Nichteinhaltung der Sechs-Jahres-Frist nach Abs 1 eine Totalnichtigkeit des Arbeitsverhältnisses vorliegt[57]. *Reissner*[58] und *Dumpelnik*[59] gehen zumindest von einer relativen Nichtigkeit in dem Sinn, dass die Geltendmachung der Nichtigkeit nur von dem Arbeitnehmer und nicht von der Universität geltend gemacht werden kann, aus. Außerdem soll nach *Reissner* die Nichtigkeit nur ex nunc, dh mit Aufgriff derselben für die Zukunft, wirken. Dies mildert teilweise die nachteiligen Folgen für den Arbeitnehmer, bedeutet aber im Ergebnis, dass die Geltendmachung einer Schutznorm für den Arbeitnehmer durch den Arbeitnehmer dazu führt, dass er (fast) sämtlicher arbeitsrechtlicher Schutzmechanismen verlustig geht. Eine derartige Lösung wird nicht nur sachlich inadäquat, sondern vor allem mit dem europarechtlichen Diskriminierungsverbot[60] in Widerspruch stehen.

Nichtigkeit des Arbeitsverhältnisses bedeutet jedenfalls, dass zumindest jene arbeitsrechtlichen Bestimmungen nicht zum Tragen kommen, die vom Arbeitnehmerbegriff des Arbeitsvertragsrechts, dh von einem gültigen Arbeitsvertrag, ausgehen. Eine mit § 29 AuslBG[61] vergleichbare Norm enthält das UG nicht, sodass vor allem hinsichtlich der Abgeltung der Dienstleistungen auf bereicherungsrechtliche Ansätze zurückgegriffen werden müsste. Auch eine Analogie zu § 29 AuslBG wäre ein gewisser Ausweg. Ein unmittelbarer Rückgriff auf gehaltsrechtliche Ansätze des VBG, auf Mindestentgelte des Universitäten-KV oder auf das Urlaubs-

---

54 *Schrammel* in Mayer (Hrsg), UG², Wien 2010, Erl I.2 zu § 109.

55 *Reissner*, in Reissner/Tinhofer (Hrsg), Das neue Universitätsarbeitsrecht, Wien 2007, 53.

56 *Dumpelnik*, Universitätsarbeitsrecht, Wien 2008, 124.

57 Vgl hiezu auch OGH 14.10.2008, 8 ObA 1/08t, infas 2009, A 17, ecolex 2009, 159 im Zusammenhang mit der Nichtigkeit des Arbeitsverhältnisses wegen Verstoßes gegen die Berufungsbestimmungen für ProfessorInnen.

58 *Reissner*, in Reissner/Tinhofer (Hrsg), Das neue Universitätsarbeitsrecht, Wien 2007, 68.

59 *Dumpelnik*, Universitätsarbeitsrecht, Wien 2008, 124.

60 Vgl insb § 4 RL 1999/70/EG, ABl. Nr. L 175 v 10.7.1999, 43.

61 Ausländerbeschäftigungsgesetz, BGBl 218/1975.

recht etc wäre aber im Fall einer Totalnichtigkeit ausgeschlossen. Damit stellt sich die Frage, ob § 109 UG nicht einen typischen Fall für eine teleologische Reduktion des Wortlautes darstellt. Ziel der Regelung ist die Vermeidung übermäßig langer Befristungen. Die Verpflichtung zur Einhaltung des § 109 UG trifft primär die Arbeitgeberin. Es liegt keine übergeordnete Zwecksetzung vor, die – wie zB der Schutz des inländischen Arbeitsmarktes im Fall des AuslBG – eine derart drastische Sanktion wie die Totalnichtigkeit des Arbeitsvertrages rechtfertigen würde. Es besteht weiters nicht die Gefahr, dass die Universität als Arbeitgeberin von einem erstmalig einzustellenden Arbeitnehmer diesbezüglich leicht übervorteilt werden könnte. Die schwächere Position hat zweifellos auch im UG der Stellenwerber inne. Zu beachten ist außerdem, dass § 109 UG nicht nur für das wissenschaftliche und künstlerische, sondern ebenso für das allgemeine Universitätspersonal gilt. Die Sanktionen bei Verstößen gegen § 109 UG müssen daher eine gewisse sachlich gebotene Gleichmäßigkeit mit jenen bei unzulässigen Kettendienstverträgen aufweisen, will man eine verfassungsrechtlich gleichheitswidrige Rechtsfolgenanordnung vermeiden. Schließlich wäre nicht einzusehen, warum die Rechtsfolgenanordnung des Abs 1 und die des Abs 2 von § 109 UG derart stark divergieren sollten. Die Rechtsunwirksamkeit des gesamten Arbeitsvertrages im Fall eines Verstoßes gegen § 109 Abs 2 UG wurde aber bisher nicht vertreten. Im Ergebnis wird man daher den Wortlaut des § 109 Abs 1 UG in Hinblick auf die „Rechtsunwirksamkeit des Arbeitsvertrages" als Widerspruch zur inneren Zwecksetzung des UG, zur immanenten Teleologie der gesamten Arbeitsrechtsordnung und zum europarechtlichen Diskriminierungsverbot sehen müssen, der mittels teleologischer Reduktion[62] zu beseitigen ist. Ein Überschreiten der Sechs-Jahres-Frist gem § 109 Abs 1 UG wird daher nicht zur Totalnichtigkeit des Arbeitsverhältnisses, sondern zur Teilnichtigkeit der zu langen Befristung mit der Konsequenz führen, dass von vornherein ein Arbeitsverhältnis auf unbestimmte Zeit entsteht. Eine vertretbare Mittellösung wäre auch, die Nichtigkeitssanktion erst nach der zulässigen Dauer des Arbeitsverhältnisses anzusetzen. Damit käme man einerseits zu einem ordnungsgemäßen Arbeitsverhältnis innerhalb der ge-

---

62 Allg zur teleologischen Reduktion s *Canaris*, Die Feststellung von Lücken im Gesetz, Berlin 1964, 82f; *Bydlinski*, Juristische Methodenlehre und Rechtsbegriff[2], Wien 1991, 480f; *Larenz/Canaris*, Methodenlehre der Rechtswissenschaft[3], Berlin ua 1995, 210f; *Kerschner*, Wissenschaftliche Arbeitstechnik und Methodenlehre für Juristen[6], Wien 2014, 49f.

setzlich vorgesehenen Maximalfrist und andererseits zur Rechtsunwirksamkeit des Rechtsverhältnisses nach der gesetzlich eingezogenen Obergrenze.

Hinsichtlich der Rechtsfolgen bei Nichteinhaltung des § 109 Abs 2 UG besteht Einhelligkeit: Liegt keiner der in § 109 Abs 2 UG aufgezählten Sonderfälle vor und werden dennoch unmittelbar aufeinanderfolgende befristete Arbeitsverträge abgeschlossen, dann werden die unzulässigen Kettendienstverträge mit dem Argument der Umgehung zwingender arbeitsrechtlicher Bestimmungen in ein Arbeitsverhältnis auf unbestimmte Zeit umgedeutet[63]. Fraglich ist allerdings, ab welchen Zeitpunkt von einem unbefristeten Arbeitsverhältnis auszugehen ist. Entsteht das Arbeitsverhältnis auf unbestimmte Zeit erst mit Beginn des ersten rechtswidrig befristeten Arbeitsverhältnisses, dh mit jenem Dienstverhältnis, mit dem die Sechs- bzw Acht-Jahresfrist des § 109 Abs 2 UG überschritten wird[64], oder werden sämtliche Arbeitsverhältnisse, die einen inneren zeitlichen Zusammenhang aufweisen, dh auch die vor Erreichen der Zeitgrenze des § 109 UG zulässigerweise befristeten Arbeitsverhältnisse, zusammengerechnet? Entscheidend ist, ob man die Rechtswidrigkeit bzw die Umgehungsabsicht auf den letzten Vertrag beschränken kann oder ob nicht eine Gesamtbetrachtung sämtlicher Befristungen vorzunehmen ist. Übernimmt man die herrschende Ansicht zur allgemeinen Kettendienstvertragsproblematik[65], dann würde das Arbeitsverhältnis auf unbestimmte Zeit rückwirkend mit Beginn des ersten Arbeitsverhältnisses entstehen. In Anbetracht des Umstandes bzw der Voraussetzung, dass die Aneinanderreihung der befristeten, vor dem 1.1.2004 („Stichtag“, mit dem das UG 2002 zur Gänze in Kraft getreten ist) zustande gekommenen Arbeitsverhältnisse zulässig war, wird man aber nur das letzte vor dem Stichtag vereinbarte Arbeitsverhältnis einbeziehen können. Nur zu diesem letzten Arbeitsvertrag wird ein Rechtswidrigkeitszusammenhang hergestellt werden können.

---

63 So nunmehr vor allem auch OGH 25. 11. 2011, 9 ObA 76/11h, DRdA 2013, 39 mit Bespr v *Löschnigg*.

64 So *Schrammel* in Mayer (Hrsg), UG², Wien 2010, Erl III.4 zu § 109; *Reissner* in Reissner/Tinhofer (Hrsg), Das neue Universitätsarbeitsrecht, Wien 2007, 48.

65 Vgl zB *Karl*, in Marhold/Burgstaller/Preyer (Hrsg), AngG, Wien 2005, RZ 68 zu § 19; s weiters *Trost* in Löschnigg (Hrsg), AngG, Wien 2007, Rz 47 zu § 19; *Melzer-Azodanloo*, Aneinanderreihung von Arbeitsverhältnissen, ASoK 1998, 297; zur Rechtsprechung s *Löschnigg*, DRdA 2004, 156.

Zu einem anderen Ergebnis kommt der OGH[66] nur dann, wenn mit der Umdeutung in ein Arbeitsverhältnis auf unbestimmte Zeit andere wesentliche Bestimmungen des OGH missachtet werden. In der angesprochenen Entscheidung wäre aufgrund der unzulässigen Aneinanderreihung befristeter Verträge eine Universitätsprofessur auf unbestimmte Zeit entstanden, ohne dass das dafür gesetzliche Berufungsverfahren eingehalten worden wäre. Da das Berufungsverfahren aber eine hohe Qualität der Forschung und Lehre sicherstellen und der autonomen Ergänzung der Universitätsprofessoren dienen soll, käme es laut OGH ohne Einhaltung des Berufungsverfahrens zu einer Verletzung von Allgemeininteressen, die die Nichtigkeit des Arbeitsvertrages bewirkt.

Verstöße gegen § 109 Abs 3 UG sind Verstöße gegen die Höchstgrenzen bei Aneinanderreihung befristeter Verträge und insofern wie solche gegen § 109 Abs 2 UG zu behandeln. In Frage kommt daher nur eine Umdeutung in ein Arbeitsverhältnis auf unbestimmte Zeit (s oben).

10. Regelungsinhalte durch Kollektivvertrag/Tarifvertrag

Das WissZeitVG erwähnt den Tarifvertrag explizit. Gemäß § 1 Abs 1 WissZeitVG kann durch Tarifvertrag für bestimmte Fachrichtungen und Forschungsbereiche von den gesetzlichen Grenzen für Befristungen (s 7.) abgewichen und die Anzahl der zulässigen Verlängerungen befristeter Arbeitsverträge festgelegt werden. Im Geltungsbereich eines solchen Tarifvertrages können nicht tarifgebundene Vertragsparteien die Anwendung der tariflichen Regelungen vereinbaren.

Die Regelung im WissZeitVG wird als partielle Tarifsperre interpretiert. Abgesehen von den gesetzlich vorgegebenen Angelegenheiten kann der Tarifvertrag nicht regulativ eingreifen. Da das Bundesverfassungsgericht[67] selbst die in der Vorgängerbestimmung § 57a HRG aF(L) enthaltene totale Tarifsperre als verfassungskonform interpretiert hat, wird die

66 OGH 14. 10. 2008, 8 ObA 1/08t, DRdA 2010, 303 mit krit Bespr v *Löschnigg*.

67 BVerfGE 94, 268; s hiezu auch *Nagel*, Wann darf der Staat in Tarifverträge eingreifen? Zur Entscheidung des Bundesverfassungsgerichts vom 24. 4. 1996 zum Hochschulfristvertragsgesetz (L1 BvR 712/86), RdA 1997, 351; *Zimmermann*, Befristete Arbeitsverhältnisse an Hochschulen und außeruniversitären Forschungseinrichtungen bei Drittmittelfinanzierung, Bonn 2001, 52.

beschränkte Tarifkompetenz des § 1 Abs 1 WissZeitVG als unbedenklich anzusehen sein[68].

Das österreichische Universitätsgesetz macht dem Kollektivvertrag keinerlei Vorgaben, sodass der Universitäten-Kollektivvertrag nur an die gesetzlichen Beschränkungen des § 2 ArbVG[69] gebunden ist. Von dieser Möglichkeit macht der Universitäten-KV durchaus Gebrauch[70]. Im Einzelnen handelt es sich um:

- **Befristungsgebote**: Gemäß § 26 Abs 8 Universitäten-KV sind Arbeitsverhältnisse von Universitätsassistenten zunächst zu befristen, sofern im Arbeitsvertrag nichts anderes vereinbart wurde. Die Formulierung ist extrem unklar formuliert. Bei wörtlicher Interpretation ist sie inhaltsleer, da ohnedies auch unbefristete Arbeitsverhältnisse vereinbart werden können. Dass mangels Vereinbarung das Arbeitsverhältnis als befristet gilt, lässt sich aber aus dem Kollektivvertrag auch nicht ableiten.
- **Befristungsbeschränkungen**: Gemäß § 25 Abs 3 Universitäten-KV sind befristete Professuren iSd § 98 UG nur zulässig, wenn dies in der Ausschreibung offengelegt wird und bestimmte Voraussetzungen gegeben sind (Vertretungsprofessur, Stiftungsprofessur, Leiter von Klinischen Abteilungen Medizinischer Universitäten etc). Diese Voraussetzungen sind als echte Rechtswirksamkeitsvoraussetzungen für die Befristungsabrede zu interpretieren, sodass bei deren Nichtvorliegen ein Arbeitsverhältnis auf unbestimmte Zeit gegeben ist.
- **Mindestbefristungen**: Gemäß § 29 Abs 2 Universitäten-KV sind befristete Arbeitsverhältnisse mit Lektoren für die Dauer von sechs Monaten oder einem Vielfachen davon auszuschließen, sofern es sich nicht um Vertretungen handelt oder der Lektor selbst nur für einen kürzeren Zeitraum zur Verfügung steht.
- **Höchstbefristungen**: Arbeitsverhältnisse von studentischen Mitarbeitern enden ipso iure am Ende des Semesters, in dem das Master-(Diplom-)Studium abgeschlossen wird, spätestens aber nach einer Gesamtdauer von vier Jahren (§ 30 Abs 3 Universitäten-KV).

---

68 Ausführlich *Lehmann-Wandschneider*, Das Sonderbefristungsrecht an Hochschulen und Forschungseinrichtungen nach dem Wissenschaftszeitvertragsgesetz, Frankfurt/Main 2009, 28.

69 Vgl hiezu etwa *Löschnigg*, Arbeitsrecht[12], Wien 2015, 124.

70 Zu den einzelnen KV-Bestimmungen vgl insb *Pfeil* (Hrsg), Personalrecht der Universitäten, Wien 2010, 173 ff.

- **Verlängerung von Befristungen**: Gemäß § 20 Abs 3 Universitäten-KV verlängert sich ein befristetes Arbeitsverhältnis um Zeiten eines Beschäftigungsverbotes nach dem MSchG[71], um Zeiten einer Karenz nach dem MSchG bzw VKG[72] sowie um Zeiten eines Präsenz- oder Zivildienstes. Eine Verlängerung kraft Kollektivvertrages tritt auch im Fall einer Karenzierung zur Ausübung einer facheinschlägigen wissenschaftlichen oder künstlerischen Tätigkeit ein, soweit diese Tätigkeit nicht überwiegend der Erreichung der im Rahmen des befristeten Arbeitsverhältnisses zu erbringenden Qualifikationen (zB Dissertation, Habilitation) dient. Sprachlich missglückt bis unverständlich ist Z 3 des § 20 Abs 3 Universitäten-KV, wonach sich das Arbeitsverhältnis verlängert „im Fall der Vereinbarung von Teilzeitbeschäftigung nach Begründung eines zu Ausbildungszwecken abgeschlossenen Arbeitsverhältnisses abhängig vom Beschäftigungsausmaß derart, dass die ursprünglich vereinbarte Ausbildungsdauer entsprechend angepasst wird.“ Die auf das MSchG bzw VKG bezogenen Verlängerungszeiträume dürfen insgesamt drei Jahre, Karenzen für wissenschaftliche/künstlerische Tätigkeiten ein Jahr nicht überschreiten. Diese Verlängerungen durch Kollektivvertrag gelten grundsätzlich nicht für Ersatzkräfte, Projektmitarbeiter, Lektoren und Arbeitnehmer mit bis zu 12 Monaten befristeten Verträgen.
  Das WissZeitVG überlässt die Verlängerung befristeter Arbeitsverhältnisse bei Vorliegen gewisser Gründe nicht dem Tarifvertrag, sondern regelt selbst. Rechtstechnisch wäre diese Lösung auch für das österreichische UG wesentlich rechtssicherer, da unklar ist, ob die kollektivvertraglichen Verlängerungsanordnungen nicht den Obergrenzen des § 109 UG und dem Grundprinzip der Einmalbefristung (s 5.2.) widersprechen. Für die Zulässigkeit wird das Günstigkeitsprinzip ins Treffen geführt[73]. Was den Katalog der Verlängerungsgründe anlangt, ist die deutsche Rechtslage für den Arbeitnehmer günstiger. So verlängert sich der befristete Vertrag nach dem WissZeitVG auch um Zeiten einer Betreuungsfreistellung, um Zeiten einer krankheitsbedingten Arbeitsunfähigkeit (ohne gesetzlichen oder kollektivvertraglichen Entgeltfortzahlungsanspruch) oder auch um Zeiten der Mitwirkung in der Personal- oder Frauen-/Gleichstellungsvertretung. Nach § 2 Abs 5

71 Mutterschutzgesetz 1979, BGBl 221/1979.

72 Väter-Karenzgesetz, BGBl 651/1989.

73 Vgl *Pfeil* in Pfeil (Hrsg), Personalrecht der Universitäten, Wien 2010, 248.

WissZeitVG verlängert sich der befristete Vertrag „im Einverständnis" mit dem Mitarbeiter. Damit wird klargestellt, dass die Zustimmung des Arbeitnehmers erforderlich ist[74]. Aus der Formulierung des Universitäten-KV könnte man auch ableiten, dass die Verlängerung des Arbeitsverhältnisses unmittelbar und ohne Einverständnis mit dem Mitarbeiter eintritt.

- **Kündigungsbeschränkungen bei Befristungen**: Arbeitsvertraglich vereinbarte Kündigungsklauseln sind bei befristeten Arbeitsverhältnissen mit einer Dauer von bis zu zwei Jahren gemäß § 20 Abs 1 Universitäten-KV unzulässig und rechtsunwirksam. Bei längeren Befristungen kann eine Kündigung erst nach zwei Jahren ausgesprochen werden.

11. Regelungsinhalte durch Betriebsvereinbarung

Teilweise finden bzw fanden sich auch in den Betriebsvereinbarungen an den österreichischen Universitäten Regelungen über die Zulässigkeit von Befristungen (zB absolute Höchstgrenzen für die Summe aller Befristungen eines Arbeitnehmers oder für die Tätigkeit in einer bestimmten Beschäftigungskategorie)[75]. Auch wenn die normative Wirkung derartiger Betriebsvereinbarungen eher fraglich ist, werden die getroffenen Vereinbarungen – wohl nicht zuletzt im Sinne obligatorischer Regelungsinhalte – uneingeschränkt beachtet.

---

74 Vgl *Lehmann-Wandschneider*, Das Sonderbefristungsrecht an Hochschulen und Forschungseinrichtungen nach dem Wissenschaftszeitvertragsgesetz, Frankfurt/Main 2009, 28.

75 Vgl etwa die Betriebsvereinbarung über die wissenschaftliche Karriere an der Karl-Franzens-Universität Graz.

Anhang

§ 109 Universitätsgesetz (UG) 2002

(1) Arbeitsverhältnisse können auf unbestimmte oder bestimmte Zeit abgeschlossen werden. Arbeitsverhältnisse auf bestimmte Zeit sind bei sonstiger Rechtsunwirksamkeit des Arbeitsvertrags auf höchstens sechs Jahre zu befristen, sofern in diesem Bundesgesetz nicht anderes bestimmt ist.

(2) Eine mehrmalige unmittelbar aufeinanderfolgende Befristung ist nur bei Arbeitnehmerinnen und Arbeitnehmern, die im Rahmen von Drittmittelprojekten oder Forschungsprojekten beschäftigt werden, bei ausschließlich in der Lehre verwendetem Personal sowie bei Ersatzkräften zulässig. Die Gesamtdauer solcher unmittelbar aufeinanderfolgender Arbeitsverhältnisse einer Arbeitnehmerin oder eines Arbeitnehmers darf sechs Jahre, im Fall der Teilzeitbeschäftigung acht Jahre nicht überschreiten. Eine darüber hinausgehende einmalige Verlängerung bis zu insgesamt zehn Jahren, im Fall der Teilzeitbeschäftigung bis zu insgesamt zwölf Jahren, ist bei sachlicher Rechtfertigung, insbesondere für die Fortführung oder Fertigstellung von Forschungsprojekten und Publikationen zulässig.

(3) Wechselt eine Arbeitnehmerin oder ein Arbeitnehmer im Sinne des § 100 in eine andere Verwendung, ist unbeschadet des Abs. 2 eine einmalige neuerliche Befristung bis zur Gesamtdauer von sechs Jahren, im Falle der Teilzeitbeschäftigung bis zu acht Jahren, zulässig, wobei die Befristungen gemäß Abs. 1, 2 und 3 entsprechend zusammenzurechnen sind. Die Höchstgrenzen des Abs. 2 dürfen nicht überschritten werden. Beschäftigungszeiten als studentische Mitarbeiterin oder studentischer Mitarbeiter bleiben unberücksichtigt.

(4) Eine andere Verwendung im Sinne des Abs. 3 liegt insbesondere dann vor, wenn durch den Wechsel eine weitere Karrierestufe (z. B. Postdoc-Stelle) erreicht wird oder der Wechsel von oder zu einer Stelle im Rahmen eines Drittmittel- oder Forschungsprojekts erfolgt.

Verantwortlichkeit für die Arbeitsplatzsicherheit in der Schweiz

Prof. Dr. iur. Dr. h.c. Thomas Geiser
Universität St. Gallen, Schweiz, HSG

I. Ausgangslage

1. Nicht Arbeit macht krank, sondern keine Arbeit macht krank. Dennoch versteht es sich von selber, dass auch Arbeit die Gesundheit schädigen kann, nämlich wenn die Arbeitsbedingungen schlecht sind oder das Arbeitsumfeld schädigende Einflüsse hat. Wie die Arbeit organisiert ist und welche Schutzvorkehren getroffen werden, ist für die Gesundheit der Arbeitnehmer entscheidend.
2. Arbeitsunfälle und arbeitsbedingte Erkrankungen gab es schon immer. Mit der Industrialisierung haben aber die Gefahren für den einzelnen Arbeitnehmer zugenommen. Maschinen schaffen mit ihrer grossen Kraft ein erhöhtes Unfallrisiko. Aber auch Büroarbeiten und gewerbliche Verrichtungen haben ein Potential, die Gesundheit zu schädigen. Arbeitsplätze sollten den menschlichen Bedürfnissen angepasst sein. Arbeitsabläufe können schädigend oder eben sicher organisiert werden.
3. Das ist alles nichts Neues und die Politik nimmt sich spätestens seit der Industrialisierung dem gesundheitlichen Arbeitnehmerschutz in kleinerem und grösserem Masse an. Dabei steht nicht nur das Interesse des einzelnen Arbeitnehmers zur Diskussion. Vielmehr haben auch die Arbeitgeberinnen ein grosses Interesse am Gesundheitsschutz und der Unfallverhinderung. Ist doch jeder gesundheitliche Ausfall eines Arbeitnehmers auch ein Kostenfaktor. Zudem besteht ein öffentliches Interesse. Es geht um die Vermeidung von Kosten im Gesundheitswesen und in den Sozialversicherungen.
4. Für die Gesetzgebung stellt sich nicht nur die Frage, welche Gesundheitsvorkehren zu treffen und welche Handlungen zu unterlassen sind. Vielmehr muss auch geregelt werden, wer für die Einhaltung der Vorschriften verantwortlich ist, wie deren Einhaltung kontrolliert wird und was die Folgen von Verstössen gegen die Vorschriften sind.

II. Rechtsgrundlagen

1. Übersicht

Das schweizerische Arbeitsrecht zeichnet sich seit den 60-ger Jahren des letzten Jahrhunderts durch eine zunehmende Vereinheitlichung aus. Der Gesetzgeber hat Regeln geschaffen, die wenn immer möglich für alle Arbeitsverhältnisse gelten, unabhängig von der Stellung des Arbeitnehmers im Unternehmen sowie der Grösse und der Art des Betriebes. So wurde mit Erlass des Arbeitsgesetzes von 1964 der öffentlich-rechtliche Arbeitnehmerschutz auf den gewerblichen Bereich und auf Dienstleistungsbetriebe ausgedehnt. Bis zum Erlass dieses Gesetzes galt er nur für den industriellen Bereich, d.h. für die Fabriken. Mit der Revision des Arbeitsvertragsrechts von 1971 wurde zudem die Unterscheidung zwischen Arbeitern und Angestellten beseitigt.

Damit findet sich im schweizerischen Recht im Wesentlichen eine Zweiteilung des Arbeitnehmerschutzes, welche sowohl in Lehre wie auch in Praxis Koordinations- und Abgrenzungsfragen aufwirft: Ein Teil der Regelung ist privatrechtlich ausgestaltet, ein anderer Teil findet sich im öffentlichen Recht. Eine besondere Schwierigkeit liegt zudem darin, dass sich die Anwendungsbereiche nicht decken.

Grundsätzlich – aber nicht vollständig - Ausgeklammert von allen diesen Schutzvorschriften sind die Mitarbeiter der öffentlichen Verwaltungen. Das liegt in der Besonderheit des schweizerischen Staatsaufbaus. Der föderalistische Aufbau der Schweiz hat zur Folge, dass der Bund den Kantonen keine Vorschriften machen kann, wie sie ihre Anstellungsverhältnisse auszugestalten haben. Die Kantone sind vielmehr für diese Fragen in ihrer Gesetzgebung autonom.

2. Im Arbeitsvertragsrecht

a. Anwendungsbereich

Der Arbeitsvertrag ist im Schweizerischen Obligationenrecht geregelt.[1] Diese Bestimmungen finden auf alle privatrechtlichen Arbeitsverhältnisse

1 Art. 319 ff. OR.

Anwendung, unabhängig davon in welcher Funktion jemand angestellt ist. Sie gelten einschliesslich des ganzen Sozialschutzes[2] sowohl für das Reinigungspersonal wie auch für den Generaldirektor eines internationalen Konzerns. Nur für ganz wenige sehr spezielle Arbeitsverhältnisse, wie beispielsweise, die Leiharbeitsverhältnisse[3], die Hochseeschiffer[4] und die Handelsreisenden[5] gibt es Sondergesetze.

b. Schutzpflicht

Als Hauptpflicht auferlegt das Arbeitsvertragsrecht der Arbeitgeberin die Pflicht, den Lohn zu bezahlen. Dazu kommt als Folge der Eingliederung in die Arbeitsorganisation der Arbeitgeberin die sogenannte Fürsorgepflicht. Die Arbeitgeberin hat die Persönlichkeit des Arbeitnehmers zu achten und zu schützen, auf dessen Gesundheit gebührend Rücksicht zu nehmen und für die Wahrung der Sittlichkeit zu sorgen.[6] Die Arbeitgeberin hat den Arbeitnehmer vor negativen Folgen der Arbeit zu schützen und alles zu unterlassen was seinen berechtigten Interessen widerspricht.[7] Der Arbeitgeber „hat zum Schutz von Leben, Gesundheit und persönlicher Integrität der Arbeitnehmerinnen und Arbeitnehmer die Massnahmen zu treffen, die *nach der Erfahrung notwendig, nach dem Stand der Technik anwendbar und den Verhältnissen des Betriebes oder Haushaltes angemessen sind,* soweit es mit Rücksicht auf das einzelne Arbeitsverhältnis und die Natur der Arbeitsleistung ihm billigerweise zugemutet werden kann.“[8]

Der wichtigste Bestandteil der Arbeitgeberpflicht zum Schutz der Persönlichkeit ist der Gesundheitsschutz. Dieser umfasst sämtliche Bestimmungen zum Schutz der körperlichen und geistigen Gesundheit des Ar-

---

2 Z.B. Lohnfortzahlungspflicht im Krankheitsfall, Kündigungsschutz etc.

3 Bundesgesetz über die Arbeitsvermittlung und den Personalverleih (Personalvermittlungsgesetz AVG) SR 823.11.

4 Art. 68 und 162 des Bundesgesetzes über die Seeschifffahrt unter der Schweizer Flagge (Seeschiffartsgesetz, SSG) SR 747.30.

5 Bundesgesetz über das Gewerbe der Reisenden (Handelsreisendengesetz, HRG) SR 943.1.

6 Art. 328 Abs. 1 OR.

7 **Portmann**, N. 1 zu Art. 328 OR; **Staehelin**, N. 1 zu Art. 328 OR; **Streiff/Von Kaenel/Rudolph**, N. 3 zu Art. 328 OR; **Vischer/Müller**, § 16 N 1 ff.

8 Art. 328 Abs. 2 OR.

beitnehmers wie insbesondere zur Arbeitssicherheit. Im Vertragsrecht erfasst er aber auch die Bestimmungen zu den Ruhepausen, der Freizeit und den Ferien.[9]

c. Folgen der Verletzung

Trift die Arbeitgeberin die notwendigen Schutzvorkehren nicht, so dass der Arbeitnehmer einer Gefährdung ausgesetzt ist, kann dieser die Arbeit verweigern, ohne den Anspruch auf Lohn zu verlieren.[10] Die Arbeitgeberin hat nicht die genügenden Vorbereitungen für die Entgegennahme der ihr geschuldeten Leistung getroffen. Sie befindet sich im Annahmeverzug.[11]

Fraglich ist, ob die Vornahme der Schutzvorkehren auch eingeklagt werden kann. Das wird in der Regel nicht möglich sein, weil es sich bei der Fürsorgepflicht als Gegenstück zur Eingliederung in die fremde Arbeit nur um eine Obliegenheit und nicht um eine selbständige Pflicht handelt. Der Arbeitnehmer hat in der Regel kein eigenständiges Interesse an der Vornahme der Sicherheitsvorkehren. Indem er die Arbeit verweigert, setzt er sich der Gefahr nicht aus, so dass er auch nicht auf die Schutzvorkehren angewiesen ist. Anders verhält es sich nur, wenn der Arbeitnehmer ausnahmsweise einen Anspruch auf Beschäftigung hat,[12] was beispielsweise bei künstlerischen Berufen zutreffen kann, oder wenn es bei der Schutzvorkehr darum geht, eine bereits eingetretene Gesundheitsgefährdung einzudämmen. Zu beachten ist dabei, dass die Gefährdung der Gesundheit in aller Regel auch eine Persönlichkeitsverletzung darstellt, so dass auch ausservertragliche Unterlassungs- und Beseitigungsansprüche entstehen können.[13]

Das Unterlassen von Schutzvorkehren kann zudem nach Abmahnung auch ein Grund für eine fristlose Kündigung seitens des Arbeitnehmers sein.[14] Weil der Grund für die ausserordentliche Auflösung des Arbeitsverhältnisses eine Vertragsverletzung der Arbeitgeberin war, hat der Ar-

---

9 **Geiser/Müller**, Rz. 456.
10 **Streiff/Von Kaenel/Rudolph**, N. 19 zu Art. 328 OR.
11 Art. 91 ff. OR in Verbindung mit Aart. 324 OR.
12 **Streiff/Von Kaenel/Rudolph**, N. 19 zu Art. 328 OR.
13 Art. 28 ff. ZGB.
14 **Streiff/Von Kaenel/Rudolph**, N. 19 zu Art. 328 OR.

beitnehmer Anspruch auf vollen Schadenersatz.[15] Als Schaden wird allerdings in der Regel nur gerade der Lohn bis zum Ablauf der ordentlichen Kündigungsfrist geltend gemacht werden können, weil der Arbeitnehmer keinen Anspruch auf Fortbestand des Arbeitsverhältnisses hat.

Führt die Unterlassung von Schutzvorkehren beim Arbeitnehmer zu einem Schaden, wird die Arbeitgeberin Schadenersatzpflichtig.[16] Siehe dazu weiter hinten.[17]

3. Im öffentlichen Arbeitnehmerschutzrecht

a. Anwendungsbereich

Der öffentlich-rechtliche Arbeitnehmerschutz findet sich in zwei vollständig unterschiedlichen Normbereichen. Deren Umsetzung zudem zwei verschiedenen Bundesdepartementen obliegt. Ein wesentlicher Teil des Schutzes ist Gegenstand des Bundesgesetzes über die Arbeit in Industrie, Gewerbe und Handel.[18] Weil bei Unfällen und Berufskrankheiten die Sozialversicherung bezahlen muss, findet sich ein anderer Teil dieser Schutzbestimmungen im Bundesgesetz über die Unfallversicherung[19] und den dazugehörenden Verordnungen. Dies führt zu einer wenig übersichtlichen Regelung und Zuständigkeit.[20] Um diese Schwierigkeiten in Grenzen zu halten, gibt es eine Koordinierende Kommission, die EKAS, welche auch Richtlinien zur Arbeitsplatzsicherheit erlässt. Diese Richtlinien sind allerdings nicht verbindlich. Sie geben aber den jeweiligen Stand der Technik und medizinischen Erkenntnis wieder.

---

15 Art. 337b Abs. 1 OR.
16 Vgl. **Geiser/Müller**, Rz. 472.
17 Rz. 2.29. ff.
18 Arbeitsgesetz (ArG); SR 822.11.
19 UVG SR 832.20.
20 Einerseits ist das dem Departement des Innern zugeordnete Bundesamt für Gesundheit (BAG) und andererseits das dem Departement für Wirtschaft, Bildung und Forschung zugeordnete Staatssekretariat für Wirtschaft (SECO) für die Aufsicht zuständig.

Schematisch lassen sich die Zuständigkeiten folgendermassen darstellen:

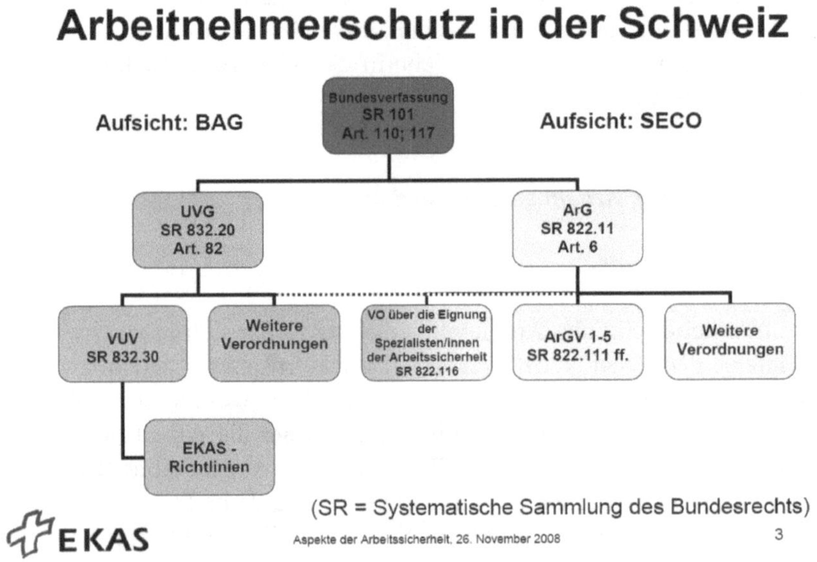

Für das Arbeitsgesetz ist zwischen dem Betrieblichen und dem Persönlichen Anwendungsbereich zu unterscheiden. Zudem ist der örtliche Anwendungsbereich des Arbeitsgesetzes zu beachten. Die Frage, wieweit das Gesetz auch anwendbar ist, wenn die Arbeit im Ausland verrichtet wird, ist umstritten und im Einzelnen komplex.

Das Arbeitsgesetz ist grundsätzlich auf alle öffentlichen und privaten Betriebe anwendbar.[21] Der Begriff des Betriebes ist im ArG bewusst sehr weit gefasst. Als "*Betrieb*" gilt jede Arbeitsorganisation, in der mindestens ein Arbeitnehmer dauernd oder vorübergehend beschäftigt wird.[22] Daraus darf aber nicht geschlossen werden, dass der Betrieb im Sinne des ArG mit dem Arbeitgeber identisch ist.[23] Es ist sehr wohl möglich, dass das Arbeitsverhältnis nicht mit dem Betriebsinhaber sondern mit einem Dritten

---

21 Art. 1 ArG.

22 Vgl. **Geiser**, N. 7 zu Art. 1 ArG.

23 In diese Richtung aber **Zwahlen**, N. 11 zu Art. 1 ArG.

besteht, wie beispielsweise bei der Leiharbeit.[24] Der Betrieb ist dann jenes Unternehmen, welches die Direktionsgewalt ausübt, das die Arbeit organisiert.[25]

Es besteht dann allerdings ein komplexes System von Ausnahmen. Zum Teil sind ganze Arten von Betrieben bzw. Wirtschaftszweige ausgenommen.[26] Wichtiger sind die Ausnahmen vom persönlichen Geltungsbereich.[27] Hier werden namentlich Arbeitnehmer ausgenommen, welche gewisse künstlerische oder wissenschaftliche Tätigkeiten oder eine höhere leitende Tätigkeit ausüben.[28] Daraus ergibt sich nun auch die entscheidende Unterscheidung zwischen den Anstellungsverhältnissen von Führungspersonen und anderen.

Von zentraler Bedeutung bei der Anwendung des ArG sind die Bestimmungen über die Arbeitszeiten. Das Gesetz regelt einerseits die wöchentliche Höchstarbeitszeit[29] und andererseits bestimmte Tageszeiten und Tage, an denen grundsätzlich nicht gearbeitet werden darf, somit auch die Lage der Arbeitszeiten. Zudem enthält das Gesetz auch Bestimmungen zu den Pausen. Daraus lässt sich dann auch eine maximale tägliche Arbeitszeit errechnen. Allerdings ist die Regelung so komplex, dass in der Lehre unterschiedliche maximale tägliche Arbeitszeiten vertreten werden.

Daneben regelt das Gesetz nun aber auch den Gesundheitsschutz, namentlich die Unfallverhütung.[30] In diesem Zusammenhang ist dann auch die Regelung des Anwendungsbereichs, wie er soeben dargestellt wurde, nicht konsequent. Die dargestellten Ausnahmen vom Anwendungsbereich des ArG sind nämlich nicht umfassend. Art. 3 ArG stellt die Ausnahme vom ArG ausdrücklich unter den Vorbehalt von Art. 3a ArG. Diese Bestimmung erklärt die Vorschriften über den Gesundheitsschutz als auf die Verwaltungen des Bundes, der Kantone und Gemeinden anwendbar[31]. In Klammern werden jene Gesetzesbestimmungen aufgezählt, welche dem Gesundheitsschutz im Sinne dieser Bestimmung dienen. Die Aufzählung ist grundsätzlich abschliessend[32]. Weitere Bestimmungen werden von der

24 **Müller**, Art. 1 Abs. 2 ArG N. 1.
25 **Canner/ Schoop**, N. 6 zu Art. 1 ArG.
26 Art. 2 ArG.
27 Art. 3 ArG.
28 Art. 3 Bst. d ArG.
29 Insb. Art. 9 ArG.
30 Art. 6 ArG.
31 Art. 3a Bst. a ArG.
32 **Müller**, N. 4 zu Art. 3 ArG; **Geiser**, N. 2 zu Art. 3a ArG.

Ausdehnung nicht erfasst, selbst wenn sie indirekt die Gesundheit betreffen, wie namentlich die Bestimmungen über die Arbeitszeiten. Allerdings sind die drei als anwendbar erklärten Normen selber hochgradig auslegungsbedürftig. Art. 6 ArG und Art. 35 Abs. 1 ArG enthalten eigentliche Generalklauseln zum Gesundheitsschutz, welche in ihrer Allgemeinheit kaum über Art. 328 OR (Fürsorgepflicht) hinausgehen.

Der Bundesrat hat als Verordnungsgeber hier weitgehende Kompetenzen zur Konkretisierung. Soweit die Verordnungen in Anwendung der in den genannten drei Bestimmungen vorgesehenen Delegation diese Normen konkretisieren, werden sie von der Ausdehnung gemäss Art. 3a ArG erfasst. Bezüglich der ArGV 3[33] hat dies bereits die Botschaft des Bundesrates zum ArG festgehalten[34]. Das muss aber auch für weitere Verordnungsbestimmungen gelten[35]. Das ist insofern von Bedeutung, als sich Art. 13 ff. ArGV1, der die Arbeitszeiten und den Pikettdienst umschreibt, auf Art. 6 ArG stützt und damit nach der dargestellten Auslegung zum Gesundheitsschutz gehört.

Nicht wirklich geklärt ist die Frage, ob sich der Vorbehalt bezüglich der Anwendbarkeit der Bestimmungen über den Gesundheitsschutz nur auf die materiellen Bestimmungen bezieht oder auch auf die Kontrollen. Die Kontrollen dienen der Durchsetzung der anwendbaren materiellen Normen. Von daher wäre es sinnvoll, auch die Kontrollbestimmungen anzuwenden. Andererseits bildet aber die Kontrollorganisation im Arbeitsgesetz eine Einheit mit den ganzen Bewilligungsverfahren und weiteren administrativen Bestimmungen. Die öffentlichen Verwaltungen unterstehen diesen Verfahren aber nicht. Von daher sind wohl nur die materiellen Bestimmungen anwendbar, nicht aber jene bezüglich der Kontrollen. Diese Aussage ist dann aber auf Grund des UVG in wesentlichen Punkten zu relativieren.

Einen wiederum sehr viel umfassenderen Anwendungsbereich weisen die Bestimmungen des Unfallversicherungsgesetzes auf. In der (sozialen) Unfallversicherung obligatorisch versichert sind alle in der Schweiz beschäftigten Arbeitnehmer.[36] Aus Art. 2 Abs. 1 Bst. e UVV lässt sich schliessen, dass als Arbeitnehmer im Sinne der obligatorischen Versicherung nicht nur Personen mit einem Arbeitsvertrag nach OR gelten, son-

---

33 SR 822.113.

34 BBl 1992 V 662; **Müller**, N. 3 zu Art. 3 ArG.

35 Z.B. Art. 66 ArGV 1; vgl. **Geiser**, N. 3 zu Art. 3a ArG.

36 Art. 1a Abs. 1 UVG.

dern auch Staatsbedienstete mit einer öffentlich-rechtlichen Anstellung.[37] Entsprechend sind auf alle diese Personen auch die Gesundheitsschutzvorschriften des UVG und der dazugehörenden Verordnungen anwendbar. Eine Differenzierung ist nicht vorgesehen.

b. Schutzpflicht

Art. 6 ArG wiederholt im Wesentlichen die Verpflichtung, welche sich bereits aus der arbeitsvertraglichen Fürsorgepflicht ergibt[38]: Die Arbeitgeberin ist verpflichtet, zum Schutze der Gesundheit der Arbeitnehmer alle Massnahmen zu treffen, die nach *der Erfahrung notwendig, nach dem Stand der Technik anwendbar und den Verhältnissen des Betriebes angemessen* sind. Sie hat im Weiteren die erforderlichen Massnahmen zum Schutze der persönlichen Integrität der Arbeitnehmer vorzusehen. Die Arbeitgeberin hat insbesondere die betrieblichen Einrichtungen und den Arbeitsablauf so zu gestalten, dass Gesundheitsgefährdungen und Überbeanspruchungen der Arbeitnehmer nach Möglichkeit vermieden werden.[39] Das Unfallversicherungsgesetz formuliert dann das gleiche noch einmal auf Berufsunfälle und Berufskrankheiten bezogen. Die Arbeitgeberin wird verpflichtet, zur Verhütung von Berufsunfällen und Berufskrankheiten alle Massnahmen zu treffen, die nach der *Erfahrung notwendig, nach dem Stand der Technik anwendbar und den gegebenen Verhältnissen angemessen* sind.[40]

Gemäss der Verfassung der Weltgesundheitsorganisation (WHO) ist Gesundheit ein Zustand des vollständigen körperlichen, geistigen und sozialen Wohlergehens und nicht nur das Fehlen von Krankheit oder Gebrechen.[41] Wendet man diese sehr weite Definition auf den Gesundheitsschutz an, können alle Massnahmen und Regelungen als Gesundheitsschutz angesehen werden, welche das körperliche, geistige und soziale Wohl der Mitarbeitenden fördern. Es liegt auf der Hand, dass dies nicht nur Schutzvorkehren im Bereich der Unfallverhütung und der Verhinde-

---

37 Vgl. auch **Scartazzini/Hürzeler**, S. 461 f.; **Locher**, S. 170 f.

38 Art. 328 OR.

39 Art. 6 Abs. 2 ArG.

40 Art. 82 Abs. 1 UVG.

41 Präambel der Verfassung der Weltgesundheitsorganisation vom 22. Juli 1946 [SR 0.810.1].

rung von Berufskrankheiten sind, sondern alle Massnahmen zu Gunsten eines guten Arbeitsklimas. Im vorliegenden Zusammenhang ist eine Beschränkung auf jene Massnahmen gefordert, welche die Verhinderung von Krankheiten und Unfällen betreffen.

Zum einen geht es um die Verhütung von Arbeitsunfällen und Berufskrankheiten. Diese Regeln finden sich in erster Linie im UVG und in der VUV.[42] Sie finden sich aber auch in Art. 6 ArG und in den sich auf diese Norm des Gesetzes stützenden Verordnungen. Die Aufteilung zwischen den beiden Normkomplexen ist eher zufällig und historisch begründet als systematisch.

Namentlich die VUV regelt zum Teil im Einzelnen, wie Arbeitsräume und Arbeitsgeräte beschaffen sein müssen.[43] Sie hält aber auch in einer Generalklausel fest, dass die Arbeitgeberin „zur Wahrung und Verbesserung der Arbeitssicherheit alle Anordnungen erteilen und alle Schutzmassnahmen treffen“ muss, „die den Vorschriften dieser Verordnung und den für seinen Betrieb zusätzlich geltenden Vorschriften über die Arbeitssicherheit sowie im Übrigen den anerkannten sicherheitstechnischen und arbeitsmedizinischen Regeln entsprechen.“[44]

Aber auch die ArGV3 enthält entsprechende Bestimmungen. Auch hier finden sich Detailregelungen für Räume und anderes.[45] Daneben enthält aber auch diese Verordnung eine allgemeine Bestimmung. Die Arbeitgeberin muss alle Massnahmen treffen, die nötig sind, um den Gesundheitsschutz zu wahren und zu verbessern und die physische und psychische Gesundheit der Arbeitnehmer zu gewährleisten.[46] Die Verpflichtungen sind damit mehrfach abgesichert.

c. Folgen der Verletzung

Bei den Bestimmungen des Arbeitsgesetzes und des Unfallversicherungsgesetzes handelt es sich um öffentliches Recht. Von daher sind die Gebots-

---

42 Bundesgesetz über die Unfallversicherung (UVG) vom 20. März 1981 [SR 832.20] und Verordnung über die Verhütung von Unfällen und Berufskrankheiten (Verordnung über die Unfallverhütung, VUV) [SR 832.30].

43 Vgl. insb. die Art. 12 ff. VUV bezüglich der Arbeitsräume.

44 Art. 3 Abs. 1 VUV.

45 Vgl. insb. Art. 11 ff. ArGV 3.

46 Art. 2 ArGV 3.

und Verbotsnormen durch strafrechtliche Bestimmungen abgesichert. Überdies sind Behörden für die Kontrolle zuständig. Sie haben die Einhaltung der entsprechenden Schutznormen zu überwachen. Mit Verwaltungszwang können gegebenenfalls auch die entsprechenden behördlichen Anordnungen durchgesetzt werden.

Werden die Vorschriften des Gesetzes oder einer Verfügung nicht befolgt, so wird das zuständige Amt zuerst eine Korrektur fordern. Widrigenfalls erlässt die kantonale Behörde eine Verfügung mit Hinweis auf die im Strafrecht angedrohte Strafe bei Ungehorsam[47]. Wird die Verfügung nicht beachtet, kann die kantonale Behörde die zur Herbeiführung des rechtmässigen Zustandes erforderlichen Massnahmen treffen.[48] Den beteiligten Arbeitgeberinnen und Arbeitnehmern sowie deren Verbänden und sonstigen unmittelbar interessierten Personen steht dagegen der Verwaltungsrechtsweg offen.[49]

Darüber hinaus enthält das Arbeitsvertragsrecht eine sogenannte Rezeptionsklausel.[50] Wird durch eine öffentlich-rechtliche Vorschrift der Arbeitgeberin eine Verpflichtung auferlegt, so steht dem Arbeitnehmer ein zivilrechtlicher Anspruch auf Erfüllung zu, wenn die Verpflichtung Inhalt des Einzelarbeitsvertrages sein könnte.[51] Es liegt allerdings auf der Hand, dass ein Erfüllungsanspruch nur bestehen kann, wenn dieser auch bei einer entsprechenden Bestimmung im Einzelarbeitsvertrag bestünde. Soweit es sich diesfalls nur um eine Obliegenheit oder eine unselbständige Nebenpflicht handeln handelte, die nicht selbständig einklagbar ist, muss dies auch für die entsprechende öffentlich-rechtliche Verpflichtung gelten. Das wird bei vielen öffentlich-rechtlich vorgeschriebenen Schutzmassnahmen zutreffen. Der Arbeitnehmer hat dann aber die Möglichkeit wegen der Unterlassung der Arbeitgeberin die Arbeit zu verweigern.[52]

---

47 Art. 292 StGB.

48 Art. 50 ff. ArG.

49 Art. 55 ff. ArG; zum ganzen vgl. **Geiser/Müller**, Rz. 977.

50 Vgl. **Streiff/Von Kaenel/Rudolph**, N. 6 zu Art. 342 OR.

51 Art. 242 Abs. 2 OR.

52 Vgl. vorn Rz. 2.7.

4. Haftungsregeln

Im Gegensatz zur Haftung des Arbeitnehmers[53] hat die Haftung der Arbeitgeberin im Arbeitsvertragsrecht keine ausdrückliche Regelung gefunden. Vielmehr ist auf die allgemeinen Normen der vertraglichen Haftung zurück zu greifen.[54] Damit sind Haftungsvoraussetzungen neben einer Vertragsverletzung, ein Schaden, der Kausalzusammenhang zwischen Vertragsverletzung und Schaden sowie (grundsätzlich) das Verschulden der Arbeitgeberin, wobei letzteres vermutet wird. Die Arbeitgeberin hat den Exculpationsbeweis zu erbringen, wenn sie der Haftung entgehen will.[55] Das Verschuldenserfordernis wird allerdings durch eine Vielzahl von Sondernormen und von der Praxis entwickelten Regeln zusätzlich eingeschränkt. Entscheidend ist in diesem Zusammenhang die Haftung für Hilfspersonen[56] und die Haftung der Juristischen Personen für das Handeln ihrer Organe.[57] Damit sind in der Praxis regelmässig nur noch die Vertragsverletzung, die Kausalität sowie ein allfälliges Selbst- oder Drittverschulden Thema, nicht aber das Verschulden der Arbeitgeberin.[58] Erleidet der Arbeitnehmer wegen dieses Verstosses der Arbeitgeberin gegen öffentlich-rechtliche Schutzbestimmungen einen Schaden, liegt eine Vertragsverletzung vor, welche die Arbeitgeberin haften lässt.

Erleidet ein Arbeitnehmer auf Grund eines Arbeitsunfalls einen Körperschaden, der zu einer Invalidität führt, bezahlen regelmässig die Sozialversicherungen. Damit wird auch für die Arbeitgeberin das Zusammenspielen der zivilrechtlichen Haftung mit dem Sozialversicherungsrecht wichtig. Allerdings übernehmen die Versicherungen meist nicht den ganzen Schaden. Das führt haftpflichtrechtlich zu zwei unterschiedlichen Haftungsordnungen:

- Soweit die Sozialversicherung den Schaden übernommen hat, steht ihr ein Regressanspruch gegenüber die für den Schaden Verantwortlichen zu. Der Schadenersatzanspruch des Geschädigten geht – allerdings mit gewissen Besonderheiten – von Gesetzes wegen auf die Versicherung

53 Art. 321*e* OR.
54 Art. 97 ff. OR.
55 Vgl. zum Ganzen: **Gauch/Schluep/Schmid/Emmenegger**, Rz. 2619 ff.
56 Art. 101 OR
57 Art. 55 ZGB.
58 Vgl. Bundesgerichtsurteil 4A_189/2015 vom 6. Juli 2015.

über. Sie macht den sogenannten *Regressschaden* gegenüber dem Schädiger geltend.
- Daneben verbleibt dem Geschädigten ein direkter Anspruch gegenüber dem Schädiger für den von den Sozialversicherungen nicht gedeckten Schaden. Dies nennt man den sogenannten *Direktschaden.*

Zwischen diesen beiden Ansprüchen bestehen komplexe Verhältnisse, namentlich wenn aus irgendwelchen Gründen die Haftung der Schädiger herabgesetzt ist, der volle Ersatz wegen Insolvenz nicht erhältlich ist oder die Leistungen der Sozialversicherung aus irgendwelchen dem Geschädigten zuzurechnenden Umständen reduziert werden. 2014 wurden in der Schweiz 286'156 Berufsunfälle registriert.[59]2012 wurden 1'437 Mio. CHF von Versicherungsträgern für Berufsunfälle ausbezahlt. Dem stehen Regresseinnahmen von 45.5 Mio. CHF entgegen.[60]

Bis zum Erlass des Bundesgesetzes über den Allgemeinen Teil des Sozialversicherungsrechts[61] sah das Bundesgesetz über die Unfallversicherung ein eigentliches Haftungsprivileg für Arbeitgeberinnen und Mitarbeiter vor. Gemäss aArt. 44 Abs. 1 UVG stand obligatorisch gegen Unfall versicherten Personen und ihren Hinterbliebenen, gegen den Ehegatten, einen Verwandten in auf- oder absteigender Linie oder eine mit ihr in häuslicher Gemeinschaft lebende Person ein Haftpflichtanspruch nur zu, wenn der Schädiger den Unfall grobfahrlässig oder absichtlich herbeigeführt hat. Der zweite Absatz der gleichen Bestimmung dehnte bei Berufsunfällen und Berufskrankheiten diese Haftungsbeschränkung auch auf Arbeitgeber, deren Familienangehörige und Arbeitnehmer aus.[62] Die Regelung stellte einen gewissen Ausgleich dafür dar, dass die Arbeitgeber die Prämien für die Unfallversicherung zu tragen hatten.

Bei Erlass des ATSG, der nicht nur für die Unfallversicherung sondern grundsätzlich für alle Sozialversicherungen in der Schweiz gilt,[63] wurde diese Regelung im Prinzip in das neue Gesetz überführt. Dabei erfuhr sie aber eine grundsätzliche und zentrale Änderung: *Aus einem Haftungsprivi-*

---

59 http://unfallstatistik.ch/d/neuza/neu_reg_faelle_2014.pdf; 10.06.2015.

60 Unfallstatistik UVG 2014, Koordinationstruppe für die Statistik der Unfallversicherung UVG (KSUV), Galledia AG, gefunden auf: http://unfallstatistik.ch/d/publik/publikationen_d.htm, 10.06.2015.

61 ATSG vom 6. Oktober 2000, SR 830.1.

62 Vgl. dazu Koller, AHP 1997, S. 434 ff.

63 Ausgenommen vom Anwendungsbereich des ATSG ist insbesondere die Berufliche Alters-, Invaliden- und Hinterbliebenenvorsorge (sog. Zweite Säule).

leg wurde ein blosses Regressprivileg.[64] Die neue Bestimmung beschränkt nur noch den Regressanspruch der Versicherung, nicht mehr auch die Haftpflicht gegen über dem Geschädigten und seinen Hinterbliebenen selber. Die Arbeitgeberin, ihre Verwandten und die Mitarbeiter haften folglich für Betriebsunfälle dem Geschädigten und seinen Hinterbliebenen gegenüber nicht mehr nur bei grober Fahrlässigkeit oder Absicht, sondern auch bei leichter Fahrlässigkeit. Gelangen auf den Unfall ausnahmsweise Haftungsregeln zur Anwendung, die kein Verschulden voraussetzen, sind die genannten Personen nur vor dem Regress durch die Versicherung geschützt, nicht aber vor den Ansprüchen des Geschädigten oder seiner Hinterbliebenen für den Direktschaden. Das ist eine erhebliche Verschärfung der Haftung bei Berufsunfällen.

III. Praktische Umsetzung

Wie Streng diese Haftung der Arbeitgeberin sein kann, lässt sich an einem kürzlich ergangenen Entscheid des Bundesgerichts illustrieren:[65] B. war bei der A. AG angestellt, wo er an einer Bandhärteanlage eingesetzt wurde, mit der Rohlinge für Sägeblätter hergestellt werden. Die auslaufenden Stahlbandrollen müssen hin und wieder mit neuen verschweisst werden. Bei einem Unfall an dieser Anlage erlitt B. Verletzungen an der linken Hand. Als Folge davon bezieht er, nach Beendigung des Arbeitsverhältnisses eine Rente der Schweizerischen Unfallversicherungsanstalt (SUVA). Da diese nicht den ganzen Verdienstausfall deckt, verlangt er Schadenersatz von der A. AG.

Wie war es zum Unfall gekommen? Ungefähr alle sechs Stunden mussten bei der 80 m langen Bandanlage die Enden mehrerer auslaufender Stahlbandrollen mit einer neuen Rolle verschweisst werden, wofür die Stahlbänder ruhen müssen. Damit die Anlage dafür nicht abgestellt werden muss, gibt es eine Schlaufe, welche es erlaubt direkt bei laufender Maschine die Bänder zu verschweissen. Anschliessend ist die entsprechende Zusatzvorrichtung wieder ausser Betrieb zu setzen. Der Arbeitnehmer geriet bei seinem Unfall nach einem Schweissvorgang mit zwei Fin-

64 Art. 75 ATSG.
65 Bundesgericht Urteil 4A_189/2015 vom 6. Juli 2015.

gern seiner linken Hand in die Treiberrollen, weil er einen Schritt nach links machte und sich abstützte.

Die A. AG hatte vor Inbetriebnahme der Anlage von ihrem Recht Gebrauch gemacht, die Anlage von der SUVA begutachten zu lassen. Diese hat in ihrem "Maschinenrapport" den Zweck ihrer Kontrolle dahin umschrieben, "offensichtliche Mängel aufzuzeigen". Die SUVA hatte festgehalten, dass die Anlage grundsätzlich den Vorgaben der Unfallverhütungsverordnung entsprechen müsse. Es wurden keine Mängel beanstandet. Nach dem Unfall hat die A. AG einen Sicherheitsbügel angebracht, der solche Unfälle in Zukunft verunmöglicht.

Das Bundesgericht befand nun, dass die Arbeitgeberin ihre Sorgfaltspflicht bezüglich der Arbeitsorganisation verletzt habe und den Exculpationsbeweis nicht erbringen konnte. Die Untersuchung der SUVA sei nicht abschliessend gewesen. Allerdings hätte auch eine umfassende Untersuchung oder Zertifizierung die Arbeitgeberin nicht von ihrer Pflicht befreien können, Sicherheitsmassnahmen zu ergreifen. Das nachträgliche Anbringen eines Sicherheitsbügels zeige, dass die Maschine nicht sicher gewesen sei und einfach hätte sicher gemacht werden können. Die Arbeitgeberin haftete folglich dem Geschädigten für den nicht von der Sozialversicherung gedeckten Schaden.

IV. Sonderfragen

1. Verantwortlichkeit und Haftung beim Personalverleih

Personalverleih ist der Oberbegriff für das Dreiecksverhältnis zwischen Arbeitgeberin (Verleiherin), Einsatzbetrieb (Entleiher) und Arbeitnehmer. Dabei stellt die Arbeitgeberin den Arbeitnehmer mit dessen Einverständnis für eine bestimmte Zeit einem Dritten zur Leistung von Arbeit zur Verfügung. Aufgrund ihrer konkreten Stellung als Arbeitgeberin während des Verleihs steht dem Einsatzbetrieb das Weisungsrecht, aber auch die Fürsorgepflicht zu.[66] Wird kein Weisungsrecht übertragen, so kann es sich nicht um Personalverleih handeln. Die Delegation eines Weisungsrechts ist ein wesentliches Element des Personalverleihs.[67]

---

66 **Rehbinder**, Arbeitsrecht, Rz. 419.
67 **Geiser/Müller**, Rz. 172.

Zwischen Arbeitnehmer und Einsatzfirma besteht kein Vertrag. Aus dem Arbeitsvertrag und dem Verleihvertrag ergeben sich jedoch vertragliche oder vertragsähnliche Rechte und Pflichten. So enthält der Arbeitsvertrag Elemente zugunsten des Einsatzbetriebs.[68] Der Verleihvertrag hingegen enthält neben dem Recht, Weisungen zu erteilen,[69] u.a. auch Fürsorgepflichten des Einsatzbetriebs gegenüber dem Arbeitnehmer, sodass ihm in diesem Rahmen der Charakter eines echten Vertrags zu Gunsten Dritter[70], nämlich zugunsten des Arbeitnehmers, zukommt. Hinsichtlich der Arbeitssicherheit treffen den Einsatzbetrieb gegenüber geliehenen Arbeitnehmern die gleichen Pflichten wie gegenüber eigenen.[71] Gleiches gilt nach Art. 9 ArGV 3 für die Gesundheitsvorsorge.[72] Neben dem Verleiher als Vertragspartner des Arbeitnehmers haftet diesem folglich auch der Einsatzbetrieb aus Vertrag.

2. *Verantwortlichkeit und Haftung im Konzern*

Ein Konzern zeichnet sich dadurch aus, dass mehrere juristisch selbständige Gesellschaften unter einer einheitlichen Leitung stehen. Sie sind unternehmerisch so zusammengefasst, dass sie eine wirtschaftliche Einheit bilden.[73] Es bleiben aber mehrere juristisch selbständige Gesellschaften bestehen, welche operativ tätig sind und damit auch mit Humankapital arbeiten. Weil im Arbeitsverhältnis auf Seiten der Arbeitgeberin eine Person als Vertragspartnerin auftreten muss, fragt sich beim Konzern, welche der verschiedenen Gesellschaften Arbeitgeberin ist. In der Praxis kann dies sehr unterschiedlich geregelt sein.[74]

---

68 Z.B. Sorgfalts-, Treue- und Verschwiegenheitspflichten; vgl. BGE 119 V 360 ff. E 3.

69 Vgl. Urteil des Kantonsgerichts St. Gallen, in: SJZ 91 (1995), 455; JAR 1989, 257.

70 Art. 112 OR.

71 Art. 10 der Verordnung über die Verhütung von Unfällen und Berufskrankheiten (Verordnung über die Unfallverhütung, VUV) vom 19. Dezember 1983 [SR 832.30].

72 **Geiser/Müller**, Rz. 192a.

73 **Handschin**, S. 27; **Caflisch**, S. 209 ff.

74 Siehe zu dieser Problematik: Urteil des BGer 4C.158/2002 vom 20. August 2002. Ausführlich zu den Arbeitsverhältnissen im Konzern: **Geiser/Uhlig**, ZBJV 139/2003, S. 757 ff.

Es kommen grundsätzlich für die Anstellung vier Varianten in Betracht: Einerseits kann der Arbeitnehmer einen Arbeitsvertrag mit bloss einer der verschiedenen Konzerngesellschaften (Muttergesellschaft oder Tochtergesellschaft) abschliessen. Es ist aber auch eine Anstellung mit mehrerer Verträgen möglich: Es wird sowohl ein Arbeitsverträge mit der Muttergesellschaft wie auch mit der Tochtergesellschaft abgeschlossen, in der der Arbeitnehmer tatsächlich arbeitet. Dabei kann es sich mit der Muttergesellschaft um einen blossen Rahmenvertrag handeln, der die Bedingungen für einen oder mehrere Arbeitsverträge mit der Tochtergesellschaft vorgibt. In allen Fällen hat nur diejenige Gesellschaft eine unmittelbare Weisungskompetenz, die mit dem Arbeitnehmer einen Arbeitsvertrag abgeschlossen hat. Das Weisungsrecht einer anderen Gesellschaft des Konzerns erfordert eine Delegation, welche selbstverständlich bereits im Arbeitsvertrag vereinbart sein kann.[75] Dann handelt es sich um konzerninternen Personalverleih. Diese Form ist durchaus üblich und auf Grund einer Weisung des Staatssekretariats für Wirtschaft auch ohne Verleihbewilligung und überdies Grenzüberschreitend zulässig. Im Übrigen gelten die gleichen Rechtsregeln wie für den sonstigen Personalverleih.

Weil es sich bei den einzelnen Konzerngesellschaften um selbständige juristische Personen handelt, haftet jede Gesellschaft grundsätzlich nur für ihre eigenen Schulden. Schuldrechtlich und haftungsmässig wird zwischen der juristischen Person und den hinter ihr stehenden wirtschaftlich Berechtigten unterschieden.[76] Das gilt auch für den Konzern.[77] Darin liegt eines der wesentlichen Motive für eine Konzernstruktur. Es kann eine Haftungsbegrenzung vorgenommen werden. Das bedeutet aber auch, dass dem Arbeitnehmer bei einem Betriebsunfall grundsätzlich nur jene Konzerngesellschaft haftet, die seine formelle Arbeitgeberin ist. Nach den dargelegten Regeln des Arbeitsrechts haftet im Falle eines konzerninternen Personalverleihs zusätzlich die Gesellschaft, in welcher der Arbeitnehmer eingesetzt wird.

Über diese sich aus dem allgemeinen Haftungs- und Vertragsrecht ergebenden Haftungsordnung ergeben sich konzernrechtlich gewisse weitere Haftungsmöglichkeiten. Mit Hinweis auf die unbefriedigende Situation der Fremdbestimmtheit und der Machtkonzentration bei der Muttergesell-

---

75 **Geiser/Müller**, Rz. 143c.

76 BGE 121 III 321; 115 Ib 554; 108 II 214; 102 III 170; 98 II 99; 97 II 293 vgl. auch: BGE 120 II 170.

77 **Handschin**, S. 312 ff.; **STEBLER**, S. 14.

schaft ohne eine entsprechende Regelung der Verantwortlichkeit wird in bestimmten Fällen der wirtschaftliche Sachverhalt hervorgehoben und es erfolgt ein *sogenannter Durchgriff.*[78] Vom Durchgriff im weiteren Sinne wird gesprochen, wenn die beherrschende Gesellschaft aus irgendeinem Grund für Schulden der Tochtergesellschaft (mit-)haftet.[79] Insofern liegt ein Durchgriff im weiteren Sinn auch dann vor, wenn auf Grund der Auslegung einer Rechtsnorm nicht nur die Tochter-, sondern auch die Muttergesellschaft haftet.[80] Demgegenüber liegt ein Durchgriff im engeren Sinne vor, wenn nach den allgemeinen vertrags- und deliktsrechtlichen Regeln keine Haftung gegeben wäre und ausnahmsweise von der Selbständigkeit der juristischen Person abstrahiert wird.[81] Rechtsgrundlage für den Durchgriff im engeren Sinn bildet letztlich immer der Gedanke, dass der Rechtsmissbrauch keinen Schutz verdient.[82] Gewöhnlich ist die Rechtsfolge des Durchgriffs, dass die beherrschende Gesellschaft für Schulden der beherrschten einzustehen hat.[83] Möglich ist aber auch der sogenannte „umgekehrte Durchgriff", bei dem die beherrschte Gesellschaft für die Schulden der Mutter haftet,[84] und der „Querdurchgriff", bei dem eine Konzerntochter für die Schulden einer anderen Konzerntochtergesellschaft haftet.[85]

Der **Grundsatz von Treu und Glauben** verpflichtet die Parteien und damit auch die Konzerngesellschaften bei Vertragsverhandlungen zur gegenseitigen richtigen Aufklärung mit Bezug auf alle erheblichen Tatsachen, welche die Gegenpartei nicht kennt und zu kennen nicht verpflichtet ist, die aber ihren Entschluss über den Vertragsschluss oder dessen Inhalt beeinflussen können.[86] Der Konzerngesellschaft kommt demgemäss die Verpflichtung zu, klare Verhältnisse über die Vertragspartei zu schaffen. Sie muss dem Arbeitnehmer unzweideutig bekannt geben, mit welcher Konzerngesellschaft er den Arbeitsvertrag schliesst.[87] Das stellt Art. 320*b* Abs. 1 Bst. a OR inzwischen auch ausdrücklich fest. Ein Irrtum des Drit-

---

78 **Stebler**, S. 14; **CAFLISCH**, S. 157 ff.

79 **Handschin**, S. 311 f.

80 Vgl. dazu **Merz**, N. 288 zu Art. 2 ZGB; vgl. die weiteren Hinweise bei **Kuzmic**, S. 101 f.

81 **Handschin**, S. 312 f.

82 **Kuzmic**, S. 99.

83 **Kuzmic**, S. 117.

84 BGE 102 III 170 ff.; **Kuzmic**, S. 118.

85 **Böckli**, Rz. 1181 ff.; **Kuzmic**, S. 119; **Geiser/Uhlig**, ZBJV 139/2003, S. 789 f.

86 BGE 125 III 89; 121 III 350; 108 II 305; 105 II 75; 102 II 81.

87 **Geiser/Uhlig**, ZBJV 139/2003, S. 792.

ten über die Identität der vertragschliessenden Konzerngesellschaft hat für den Dritten die Unverbindlichkeit des Vertrages zur Folge.[88] Trifft eine Konzerngesellschaft für den Irrtum des Dritten ein Verschulden, so haftet sie für den Schaden, der dem Dritten durch das Dahinfallen des Vertrages entstanden ist.[89] Dabei haftet die Gesellschaft für ihr eigenes Verhalten. Eine Haftung für das Verhalten einer anderen Konzerngesellschaft kommt nur in Frage, wenn diese als Hilfsperson oder Erfüllungsgehilfe gehandelt hat[90]. Entfällt die vertragliche Haftung für einen Arbeitsunfall, weil der Arbeitsvertrag ungültig ist, hat die für die Ungültigkeit des Vertrages verantwortliche Gesellschaft auch diesen Schaden zu ersetzen.

Nach schweizerischem Recht ist grundsätzlich die Doppelorganschaft zulässig.[91] So kann in einem Konzern eine natürliche Person sowohl Organ der Mutter- wie auch einer Tochtergesellschaft sein. Demgegenüber kann eine juristische Person nicht zum Organ einer Aktiengesellschaft gewählt werden.[92] Wählbar sind nur natürliche Personen.[93] Insofern kann weder die beherrschende Gesellschaft Organ der beherrschten sein noch umgekehrt. Das bedeutet allerdings nicht, dass im Rahmen der Organhaftung der Muttergesellschaft nicht Organstellung im beherrschten Unternehmen zukommen kann.[94] Eine solche Haftung einer juristischen Person ist dann anzunehmen, wenn sie bei der Aktiengesellschaft über die von ihr in die Organe entsandten natürlichen Personen einen derart beherrschenden Einfluss ausübt, dass sie faktisch den Willen der Aktiengesellschaft bildet.[95] Entsprechend kann die Muttergesellschaft einem Arbeitnehmer oder der Sozialversicherung gegenüber für die wirtschaftlichen Folgen eines Betriebsunfalls haften, auch wenn die Tochtergesellschaft als Arbeitgeberin aufgetreten ist, wenn die Organe der Muttergesellschaft einen bestimmenden Einfluss auf die Organisation der Tochter genommen und diese Organisation zum Unfall geführt hat.

---

88 **Handschin**, S. 232 f.
89 **Handschin**, S. 233.
90 Art. 55 und 101 OR; **Geiser/Uhlig**, ZBJV 139/2003, S. 793.
91 **Handschin**, S. 219 ff.
92 **Vogel**, S. 345.
93 Art. 707 Abs. 3 OR.
94 **Handschin**, S. 322 ff.
95 Vgl. **Handschin**, S. 223 ff.; Vogel, 354 ff.; BGE 128 III 93 ff.

V. Folgerung

Der Schutz der Arbeitnehmer vor Betriebsunfällen und Betriebskrankheiten ist doppelt abgesichert. Sowohl zivilrechtliche Normen wie auch öffentlich-rechtliche Gesetze verpflichten die Arbeitgeberin die nötigen Schutzvorkehren zu treffen. Aus diesem Doppelcharakter der Schutznormen folgt, dass die Durchsetzung sowohl mit den Mitteln des Zivilrechts wie auch des öffentlichen-rechts erfolgen kann.

Soweit es um das Zivilrecht geht, ist hauptsächlich die Haftung der Arbeitgeberin für die wirtschaftlichen Folgen zentral. Hier tritt als dritte Partei die Sozialversicherung in Aktion, welche regelmässig den wichtigsten Teil des Schadens deckt, dann aber auf die Arbeitgeberin Rückgriff nimmt. Weil jede wirtschaftliche Tätigkeit namentlich im industriellen Zeitalter mit erheblichen Gesundheitsrisiken verbunden ist, haftpflichtrechtliche Überlegungen sie aber nicht zum Erliegen bringen sollen, hat der Gesetzgeber den Regress der Sozialversicherung gegenüber den Arbeitgeberinnen und ihren allenfalls mithaftenden Mitarbeitenden auf grobe Fahrlässigkeit und Absicht beschränkt. Von dieser Beschränkung wird aber nicht auch der Direktschaden betroffen. Soweit der Schaden nicht von der Sozialversicherung gedeckt wird, können der Geschädigte oder seine Hinterbliebenen folglich auf den Schädiger greifen.

Vorbeugen ist immer besser als heilen. Deshalb kommt der Unfallverhütung eine zentrale Bedeutung zu. Hier erweist sich allerdings die schweizerische Rechtsordnung als wenig effizient. Die Regelungen sind häufig wenig konkret und die Zuständigkeiten für deren Überwachung sind komplex. Damit liegt die Hauptverantwortung für die Unfallverhütung letztlich bei den Unternehmen und ihren Arbeitnehmern selber.

*****

***

*

St. Gallen, 19.12.2016Prof. Dr. iur. Dr. h.c. Thomas Geiser

Literatur:

Peter Böckli, Das neue Aktienrecht, Zürich 1992;

Silvio Caflisch, Die Bedeutung und die Grenzen der rechtlichen Selbständigkeit der abhängigen Gesellschaft im Recht der Aktiengesellschaft, Diss. Zürich 1996;

Rudolf Canner/René Schoop, Arbeitsgesetz, 2. Aufl., Zürich 1976;

Peter Gauch/Walter Schluep/Jörg Schmid/Susan Emmenegger: Schweizerisches Obligationenrecht – Allgemeiner Teil, Bände I und II. 10. A., Zürich 2014;

Thomas Geiser, in: Geiser/Von Kaenel/Wyler (Hrsg.), Handkommentar zum Arbeitsgesetz, Bern 2005;

Thomas Geiser/Kai-Peter Uhlig, Arbeitsverhältnisse im Konzern, ZBJV 2003, S. 757 ff.;

Thomas Geiser/Roland Müller, Arbeitsrecht in der Schweiz, Bern 2015;

Lukas Handschin, Der Konzern im geltenden schweizerischen Privatrecht, Zürich 1994;

Thomas Koller, Haftung des Arbeitgebers und das Sozialversicherungsrecht, AJP 1997, S. 428 ff.;

Kristina Kuzmic, Haftung aus „Konzernvertrauen", Diss. Zürich 1998;

Hans Merz, Berner Kommentar, 1962;

Roland A. Müller, Kommentar Arbeitsgesetz, 6. Aufl., Zürich 2001;

Wolfgang Portmann, in: Honsell/Vogt/Wiegand (Hrsg.) Baseler Kommentar OR I, 2011;

Manfred Rehbinder, Schweizerisches Arbeitsrecht. 15. Aufl., Bern 2002;

Thomas Locher, Grundriss des Sozialversicherungsrechts, Bern 2003;

Gustavo Scartazzini/Marc Hürzeler, Bundessozialversicherungsrecht, Basel 2012;

Adrian Staehelin, Zürcher Kommentar, 2006;

Markus P. Stebler, Konzernrecht in der Schweiz – ein Überblick über den Stand von Lehre und Rechtsprechung, in: Druey (Hrsg.), Das St. Galler Konzernrechtsgespräch, Bern 1988;

Ullin Streiff/Adrian Von Kaenel/Roger Rudolph, Arbeitsvertrag, Praxiskommentar zu Art. 319-362 OR, 7. Auflage, Zürich/Basel/Genf 2012;

Frank Vischer/Roland M. Müller, Der Arbeitsvertrag, 4. A., Basel 2014;

Alexander Vogel, Die Haftung der Muttergesellschaft als materielles, faktisches oder kundgegebenes Organ der Tochtergesellschaft, Diss. St. Gallen, Bern 1997;

Henri Zwahlen, in: Walther Hug (Hrsg.), Kommentar zum Arbeitsgesetz, Bern 1971.

Verhandlung, Schlichtung, Drohung und Zwang - staatliches Konfliktmanagement bei Arbeitskämpfen in Dänemark

Prof. Dr. Line Olsen-Ring

Honorarprofessorin für Skandinavisches Recht an der Universität Leipzig

I. Einleitung

Bei den jüngsten Streiks in Deutschland, die auf verschiedener Ebene das öffentliche Leben teilweise über längere Zeiträume hinweg stark beeinträchtigt haben – man denke dabei nur an die Streiks im KiTa-Bereich, an die Lokführer der Deutschen Bahn, an die Lufthansa-Piloten und an andere Arbeitsniederlegungen größerer oder aber auch kleinerer Personalgruppen, die im Rahmen von Arbeitskämpfen Flughäfen mehr oder weniger lahm legten –, hat manch Leid geplagter Bürger von effizienten Lösungsmodellen für Fälle festgefahrener Tarifstreitigkeiten geträumt. Wären neue Mittel zur Konfliktentschärfung im Vorfeld eines Arbeitskampfs denkbar? Und sollte ein laufender Arbeitskampf unter Umständen gar durch Zwangsmaßnahmen beendet werden können?

Dabei kommt die Frage nach der Rolle des Staates bei Tarifkonflikten auf. In Deutschland lässt sich nach gegenwärtigem arbeitsrechtlichem Verständnis eine klare Trennlinie zwischen den Arbeitsmarktparteien einerseits und dem Staat andererseits zeichnen. Eine Erweiterung des staatlichen Einflusses auf Tarifvertragsverhandlungen und Arbeitskämpfe scheint sich schwer realisieren zu lassen, solange am Grundgedanken des deutschen Arbeitsrecht festgehalten wird[1]: „Der Staat hat sich im Zusammenhang mit einem Arbeitskampf aus Gründen der Kampfparität neutral zu verhalten. [...] Die Neutralitätsverpflichtung kommt u.a. dadurch zum

1 *Ring*, Arbeitsrecht, 1998, S. 345.

Ausdruck, dass eine staatliche Zwangsschlichtung – auch im Interesse einer Gewährleistung der Tarifautonomie – verboten ist".

Für rechtspolitische Überlegungen in Deutschland mag dennoch ein Blick auf das Ausland interessant sein. So wird etwa im Nachbarland Dänemark die Rolle des Staats bei Tarifkonflikten ganz anders gesehen. Der Staat soll und darf dort nach Konfliktvermeidung, -entschärfung und -beendigung streben, und das Parlament kann unter gewissen Voraussetzungen durch Gesetz in einen laufenden Arbeitskonflikt eingreifen. Es besteht somit keine dem deutschen Arbeitsrecht ähnliche klare Trennlinie zwischen den Arbeitsmarktparteien einerseits und dem Staat andererseits. Vielmehr findet eine Interaktion zwischen diesen Parteien als aktive Spieler statt.

Wer sich bereits einmal mit dänischem Arbeitsrecht beschäftigt hat, mag dies vielleicht zunächst paradox erscheinen. Das dänische Arbeitsrechtsmodell beruht nämlich auf dem Grundgedanken, dass die Arbeitsmarktparteien ihre Angelegenheiten grundsätzlich selbst regulieren und auch selbst verwalten. Infolgedessen ist das dänische Arbeitsrecht zum Großteil auch durch Tarifvertragsrecht – und nur begrenzt durch die Gesetzgebung – reguliert. Ein historischer Rückblick ist insoweit hilfreich.

II. Historischer Rückblick

Wie in vielen anderen europäischen Ländern wurde die frühe Industrialisierung in Dänemark durch Streiks und Aussperrungen begleitet[2]. 1899 spitzte sich das Kräftemessen der jungen Dachverbände gewerkschafts- wie arbeitgeberseitig zu. Ein kleinerer Streik der Schreinereigesellen, die in sieben verschiedenen Städten ihre Arbeit niedergelegt hatten, wurde vom Hauptverband der Arbeitgeber mit einer Aussperrung beantwortet, die zunächst all jene Schreinereibetriebe des Landes, die Verbandsmitglieder waren, umfasste. Kurz darauf weitete der Arbeitgeberverband seine

2 Eine regelrechte Streikwelle nahm 1871 in Kopenhagen ihren Ausgang mit einem Streik am damals größten Arbeitsplatz des Landes, dem Maschinen- und Schiffbauunternehmen „Burmeister & Wain". Durch „Wanderstreiks" – die nebenbei die gewerkschaftlichen Zusammenschlüsse der Arbeiter beförderten – entzündete sich im Anschluss hieran eine Vielzahl weiterer Arbeitskämpfe in ganz Dänemark, dazu näher etwa *Knudsen*, in Leksikon for det 21. århundrede, Stichwort „arbejdskonflikter i Danmark" (fortan: *Knudsen*, Arbejdskonflikter i Danmark), abrufbar unter www.leksikon.org.

Aussperrung auf die Baubranche und die Stahlindustrie aus, und es entwickelte sich, an der Bevölkerungszahl gemessen, der bis dahin größte Arbeitskampf in Europa[3]. Nach 13 Wochen Aussperrung und einem Verlust von rund drei Millionen Arbeitstagen[4] schloss ein Verhandlungsausschuss aus Vertretern des Dachverbands der Arbeitnehmer[5] und jenem der Arbeitgeber[6] im sog. **Septembervergleich** (*Septemberforliget*) einen Manteltarifvertrag (*hovedaftale*) ab.

Im Septembervergleich erkannten sich die Organisationen gegenseitig an: Die Arbeitgeber akzeptierten das Tarifvertragsverhandlungsrecht der Gewerkschaften, die Arbeitnehmer das Weisungsrecht der Arbeitgeber. Der Manteltarifvertrag statuierte zudem, dass Arbeitskämpfe im Vorfeld angekündigt und mit qualifizierter Mehrheit beschlossen werden müssen.

Der Septembervergleich als Manteltarifvertrag wird oft auch als das „**Grundgesetz des Arbeitsrechts**" bezeichnet. Er schuf die Grundlage für das dänische Tarifvertragsmodell oder einfach als „das **dänische Modell**" – *den danske model* – bezeichnet, verstanden als Gegensatz zum in Kontinentaleuropa im Arbeitsrecht vorherrschenden Gesetzgebungssystem. Zugleich statuiert es den kollektivrechtlichen Aspekt des institutionalisierten Wohlfahrtsstaatssystems[7].

Der Septembervergleich vermochte allerdings keine dauerhafte Ruhe auf dem Arbeitsmarkt zu schaffen. Das lag vor allem daran, dass die dem Dachverband der Arbeitnehmer zugehörigen Gewerkschaften im Gegensatz zu den Arbeitgebern, die von Anfang an ihrem Dachverband ein generelles und zentrales Beschlussfassungsmandat erteilt hatten, ihre Selbständigkeit bewahren wollten und nicht ohne weiteres willens waren, Restriktionen im Zusammenhang mit der Initiierung von Arbeitskämpfen einzuhalten.

Es fehlte zudem ein Konzept, wie Arbeitskonflikte gelöst werden sollten. Auch bestanden keine Fachgerichte, die sich mit kollektivrechtlichen

---

3 Vgl. etwa *Due/Madsen*, Septemberforliget 1899 og udviklingen af den danske model, in Bergh (Hrsg), Avtalt spil: Hovedaftalen LO-NHO 75 år, 2010 (fortan: *Due/Madsen*, Hovedaftalen LO-NHO 75 år), S. 315, 317.

4 *Kristiansen*, Den danske aftalemodel og forholdet til EU, in: 100-året for Septemberforliget, 1999 (fortan: *Kristiansen*, Septemberforliget), S. 177, 179.

5 De Samvirkende Fagforbund.

6 Der sich nunmehr "Dansk Mester- og Arbejdsgiverforening" nannte.

7 *Due/Madsen/Strøby Jensen*, Den Danske Model, 1994, S. 85; *Kaltoft Bendixen*, Kollektiv overenskomstregulering – model og virkelighed, 2002 (fortan: *Kaltoft Bendixen*), S. 19.

Streitigkeiten bezüglich der Auslegung und Verletzung von Tarifverträgen hätten befassen können. Die ordentlichen Gerichte waren für alle Rechtsfragen zuständig. Sie arbeiteten aber langsam und es fehlte das nötige Fachwissen, weswegen der **Ausgang der Verfahren** mit zu großen Unsicherheiten behaftet war.

Tatsächlich kam es erneut zu einer Vielzahl von Arbeitskämpfen. 1908 etablierte die Regierung mit dem Ziel, eine „Zivilisierung des Arbeitskampfes“[8] und eine Berücksichtigung der „Interessen der Gesellschaft“[9] zu erreichen, die sog. **Augustkommission** (*Augustudvalget*). Diese setzte sich aus Arbeitnehmer- und Arbeitgebervertretern unter dem Vorsitz eines Richters des Obersten Gerichts (*Højesteret*)[10] zusammen. Es sollte nunmehr ein eigenständiges kollektivrechtliches System geschaffen und die Möglichkeiten, im Falle zugespitzter Verhandlungen, Vergleiche abzuschließen, gestärkt werden[11].

Auf Vorschlag der Augustkommission erließ das Parlament 1910 als Ergänzung des Septembervergleichs ein Gesetz über die Errichtung eines permanenten Schiedsgerichts (*Den faste Voldgiftsret*)[12], das in Verfahren über Verstöße gegen Tarifverträge zuständig sein sollte und Vorläufer des heutigen Arbeitsgerichts (*Arbejdsretten*) ist. Das permanente Schiedsgericht setzte sich aus von den Arbeitsmarktparteien ernannten (Laien-)Richtern und einem Berufsrichter als Vorsitzendem zusammen. Weiterhin beschloss die Augustkommission, dass Streitigkeiten über die Auslegung geltender Tarifverträge durch sog. „fachliche Schlichtungen“ (*faglig voldgift*) beigelegt werden sollen. Bei diesen ist ein Schlichter entscheidungsbefugt, falls die Parteien selber zu keinem Ergebnis kommen. Die rechtlichen Rahmenbedingungen dieser Schlichtung wurden allein von den Arbeitsmarktparteien festgelegt[13]. Außerdem war ein Schlichter (*forligsmand* – heute: die staatliche Schlichtungsstelle [*Statens Forligsinstitution*][14]) ausersehen, der bei Verhandlungen über den Abschluss neuer Tarifverträge

8 *Due/Madsen*, Hovedaftalen LO-NHO 75 år, S. 315, 319.

9 Vgl. *Knudsen*, Arbejdskonflikter i Danmark.

10 *Carl Ussing*, der frühere Vorsitzende des „Festen Schiedsgerichts“ (*Den Permanente Voldgiftsret*), das dem 1910 errichteten Schiedsgericht vorausging und in Fragen betreffend Verstöße gegen den Septembervergleich zuständig gewesen war.

11 *Due/Madsen*, Hovedaftalen LO-NHO 75 år, S. 315, 319.

12 Lov Nr. 81 v. 12.4.1910.

13 In der. sog. „*Norm for behandling af faglig strid*“.

14 *Kaltoft Bendixen*, S. 19; *Kristiansen*, Den kollektive arbejdsret, 3. udgave 2014 (fortan: *Kristiansen*, Den kollektive arbejdsret), S. 35.

zwischen den Parteien vermitteln konnte und damit im Interesse der Gesellschaft, die Frieden auf dem Arbeitsmarkt wünschte, die Gefahr von Arbeitskämpfen dämpfen sollte. Es entstand folglich ein staatlich gestütztes System zur Durchsetzung von Tarifverträgen – unter direkter Beteiligung der Parteien selbst[15].

Damit hatte Dänemark nach vielen Arbeitskämpfen bereits schon zu einem sehr frühen Zeitpunkt sowohl den Rahmen für ein **kollektives Vertragssystem** als auch ein **verfahrensmäßiges Arbeitskonfliktlösungsmodell** mit unikalem Charakter geschaffen[16].

Aus Arbeitgebersicht war ein wesentliches Problem allerdings noch nicht gelöst: Die einzelnen Gewerkschaften verhandelten nach wie vor ihre eigenen Tarifverträge direkt aus, statt zentralisiert über ihren Dachverband. Der Hauptverband der Arbeitgeber versuchte, mit zwei Instrumenten seine Position zu stärken: Einerseits arbeitete er darauf hin, die Kündigungstermine der einzelnen Tarifverträge zu koordinieren. Andererseits drängte er durch Aussperrungen, einschließlich Sympathieaussperrungen, die Gewerkschaften zum Abschluss von Tarifverträgen mit vergleichbarem Inhalt und Niveau. Dadurch kam es in den folgenden Jahrzehnten tatsächlich schrittweise zu einer Zentralisierung der Verhandlungsführung.

In den 30er Jahren des vergangenen Jahrhunderts wurde die Zentralisierung durch drei weitere Faktoren beschleunigt: Erstens kamen die Dachverbände überein, dass sämtliche Tarifverträge zum selben Termin ablaufen sollen. Zweitens erfolgte eine Kompetenzausweitung der staatlichen Schlichtungsstelle. Der Schlichter durfte nunmehr selbständig festlegen, dass ein von ihm vorgelegter Schlichtungsvorschlag der Annahme aller von der Verhandlung erfassten Gewerkschaften bedarf. In diesem Fall galt daher von nun an folgendes Prinzip: Entweder unterfallen alle demselben neuen Tarifvertrag, oder aber alle Gewerkschaften und Arbeitgeberorganisationen befinden sich im Arbeitskampf[17].

Drittens begann die damalige sozialdemokratische Regierung angesichts der Wirtschaftskrise eine Übung zu praktizieren, nach der das Parlament durch Gesetz in einen Arbeitskonflikt eingreifen darf, wenn der Konflikt als eine „wirtschaftliche Bedrohung für die Gesellschaft" angesehen werden kann. Diese Praxis hat sich über die Jahre hinweg zu einem we-

---

15 *Due/Madsen*, Hovedaftalen LO-NHO 75 år, S. 315, 319.

16 *Kristiansen*, Septemberforliget, S. 177, 179.

17 Vgl. etwa *Due/Madsen*, Hovedaftalen LO-NHO 75 år, S. 315, 319, sowie LO's historie, abrufbar unter www.lo.dk.

sentlichen Aspekt des „tarifvertragpolitischen Spiels“ in Dänemark entwickelt.

III. Voraussetzungen für die Einleitung von Arbeitskampfmaßnahmen

Während der Laufzeit eines Tarifvertrags gilt sowohl für die Arbeitgeber- als auch für die Arbeitnehmerseite eine **Friedenspflicht**[18]. Alle arbeitsrechtlichen Kampfschritte – welcher Art auch immer – unterliegen somit der Friedenspflicht.

Neben der Wahrung der Friedenspflicht verlangen die meisten Manteltarifverträge die Erfüllung fester und recht strenger **Formerfordernisse** im Vorfeld einer Arbeitskampfmaßnahme. So schreibt etwa § 2 Abs. 2 des zwischen dem Dachverband der Lohnempfänger (*Lønmodtagernes Organisation* – LO) und jenem der Arbeitgeber (*Dansk arbejdsgiverforening* – DA) abgeschlossenen Manteltarifvertrags vor, dass eine **Arbeitskampfmaßnahme**[19] von der zuständigen Arbeitnehmer- oder Arbeitgeberorganisation initiiert wird, und die Gegenseite im Vorfeld einer Arbeitskampfmaßnahme eine oder mehrere entsprechende **Vorwarnung(en)** erhalten muss. Auf dem privaten Arbeitsmarkt erfolgen zwei Vorwarnungen: eine erste Vorwarnung mindestens 14 Tage vor der Arbeitsniederlegung, eine zweite mindestens 7 Tage vor der Arbeitsniederlegung. Im öffentlichen

---

18 So bestimmt § 2 Abs. 1 S. 1 des Manteltarifvertrags, dass eine Arbeitseinstellung (*arbejdsstandsning*) innerhalb des Geltungsbereichs des Manteltarifvertrags grundsätzlich nicht stattfinden darf. Ausgenommen ist der (seltene) Fall, dass die Arbeitseinstellung (ausnahmsweise) ihre Rechtsgrundlage in der zwischen den Arbeitsmarktsparteien ursprünglich im Jahre 1908 ergangenen „Norm, wie eine Arbeitsauseinandersetzung geführt werden soll“ (*Norm for regler for behandling af faglig strid* vom 17.8.1908 – nunmehr Norm 2006) findet bzw. nach dem relevanten Tarifvertrag erlaubt ist.

19 Mögliche Arbeitskampfmaßnahmen sind auf Arbeitnehmerseite Arbeitseinstellungen in Form von Streiks (wobei auch Sympathiestreiks in nicht erheblichem Umfang erlaubt sind, vgl. näher *Ring/Olsen-Ring*, in Hekimler/Ring (Hrsg.), Tarifrecht in Europa, 2012, S. 19, 42 m.w.N.), Blockaden, Aussperrungen oder Boykotte. Nicht erlaubt sind hingegen physische Blockaden. Weiterhin werden rein politisch motivierte kollektive Arbeitsniederlegungen als Verstoß gegen die Friedenspflicht und damit als unrechtmäßig angesehen. Auf Arbeitgeberseite ist sowohl ein Arbeitgeberverband als auch ein einzelner Arbeitgeber zur Durchführung einer Aussperrung berechtigt.

Sektor bedarf es nur einer Vorwarnung. Diese muss allerdings bereits mindestens einen Monat vor der Arbeitsniederlegung ausgesprochen werden.

In dem vom Manteltarifvertrag zwischen LO und DA erfassten Bereich darf eine Arbeitskampfmaßnahme nur dann ergriffen werden, wenn sie mit einer ¾-Mehrheit der Wahlberechtigten der Organisationsversammlung beschlossen wird. Es besteht weiterhin die Möglichkeit, unter den Mitgliedern der Organisation eine Urabstimmung durchführen zu lassen. Dies erfolgt allerdings in der Praxis selten, da eine solche Urabstimmung dazu geeignet ist, die Tarifverhandlungsposition der Organisation zu schwächen[20].

Vorwarnungen von Streiks und Aussperrungen, die wegen Streitigkeiten im Zusammenhang mit dem Abschluss von Tarifverträge erfolgen, sind im Übrigen dem staatlichen Schlichtungsorgan (dazu gleich unter IV.) mitzuteilen.

IV. Staatliche Schlichtung im Vorfeld von Arbeitskampfmaßnahmen

1. Das Schlichtungsorgan

Auf Vorschlag des Arbeitsgerichts ernennt der Arbeitsminister nach Maßgabe von § 1 des Gesetzes über die Schlichtung bei Arbeitsstreitigkeiten (kurz „Schlichtergesetz“ [*forligsmandsloven*] genannt – fortan FL)[21] für die Dauer von drei Jahren (mit der Möglichkeit einer Wiederberufung) drei **Schlichter** (*forligsmænd*) als **staatliche Schlichtungsstelle.** Die staatlichen Schlichter sind im Rahmen des FL (auch einzeln tätig werdend) dazu berufen, an einer Streitbeilegung zwischen Arbeitgebern und Arbeitnehmern im Zusammenhang mit Konflikten beim Abschluss von Tarifverträgen mitzuwirken.

An dieser Stelle sei angemerkt, dass in Dänemark in den letzten Jahrzehnten im privaten Sektor eine Entwicklung hin zu Branchen abdeckenden Tarifverträgen erfolgt ist. Gleichzeitig haben sich die Tarifverträge inhaltlich verändert: statt genaue Detailregelungen festzulegen, fungieren sie immer mehr als Rahmenverträge, die den einzelnen Unternehmen Flexibilität gewähren, indem konkrete Lohn- und Arbeitsbedingungen durch in-

---

20 *Kristiansen*, Grundlæggende arbejdsret, 3. udgave 2014, Kapitel 6, Abschnitt 2.3.

21 *Lov om mægling i arbejdsstridigheder* (*forligsmandsloven*) i.d.F. der Bekanntmachung Nr. 709 vom 20.8.2002.

nerbetriebliche Vereinbarungen festgelegt werden können. Dadurch soll es u.a. der Leitung und den Mitarbeitern der Unternehmen ermöglicht werden, die konkrete Markt-, Nachfrage- und Wettbewerbslage des einzelnen Unternehmens zu berücksichtigen[22]. Im öffentlichen Sektor werden Lohn- und Arbeitsbedingungen hingegen in höherem Maße durch zentrale Tarifverträge und andere zentralisierte Vereinbarungen festgelegt.

Als Schlichter dürfen nur Personen ernannt werden, die unabhängig von wirtschaftlichen Interessen und den Arbeitsmarktorganisationen agieren können. In der Praxis werden normalerweise Richter oder hohe Staatsbeamte als Schlichter vorgeschlagen. Der Ernennungsvorschlag muss von mindestens einem Arbeitgeber- und einem Arbeitnehmervertreter des Arbeitsgerichts gebilligt werden (§ 1 Abs. 3 FL). Da die zwei größten Dachverbände der Arbeitgeber- und Arbeitnehmerorganisationen (LO und DA) sieben der zwölf Richter des Arbeitsgerichts besetzen, und das Schlichtergesetz auf der Annahme beruht, dass der Arbeitsminister dazu verpflichtet ist, dem Ernennungsvorschlag zu folgen[23], bedeutet diese Vorgabe, dass die zwei Dachverbände faktisch darüber entscheiden, wer als Schlichter ernannt wird. Das Schlichtungsorgan ist also einerseits eine staatliche Instanz, die von wirtschaftlichen Interessen und den Arbeitsmarktorganisationen unabhängig ist. Die Arbeitsmarktparteien wirken aber andererseits bei der personellen Besetzung mit und können sich insoweit mit dem Schlichtungssystem identifizieren.

2. *Der Zuständigkeitsbereich des Schlichters und das Schlichtungsverfahren*

Nach § 3 Abs. 1 FL kann der zuständige Schlichter im Falle einer drohenden oder bereits erfolgten Arbeitseinstellung die beiden Konfliktparteien zu einer Schlichtung einladen, wenn er der Auffassung ist, dass **der Konflikt seinem Umfang und seinen Wirkungen nach eine gesellschaftli-**

22 Vgl. Produktivitetskommissionens baggrundsrapport „Overenskomster, arbejdstid og løndannelse i den offentlige sektor (fortan: Produktivitetskommissionens baggrundsrapport) 2013, S. 9, sowie näher etwa *Olsen-Ring*, Überbetriebliche versus innerbetriebliche Kollektivvereinbarungen, Länderbericht Dänemark, in: Ring (Hrsg.), Überbetriebliche versus innerbetriebliche Kollektivvereinbarungen, 2012, S. 99 ff.

23 Analog den Vorarbeiten zum Arbeitsgerichtsgesetz, Betænkning Nr. 1318 aus dem Jahre 1996, S. 40.

che Bedeutung hat, und die Verhandlungen zwischen den Parteien nach ihren eigenen Verhandlungsregeln bereits geführt worden sind, aber eine der Parteien sie für gescheitert erklärt hat. Die Einladung kann aus eigenem Antrieb des Schlichters heraus oder auf Antrag einer der Parteien erfolgen.

Der Schlichter ist gleichermaßen dazu berechtigt, aus eigenem Antrieb heraus oder auf Antrag einer der Parteien bereits zu einem früheren Zeitpunkt daran mitzuwirken, dass neue Tarifverträge zustande kommen – also auch bereits dann, wenn die Tarifvertragsverhandlungen noch nicht für gescheitert erklärt worden sind. Es wird jedoch vorausgesetzt, dass die Parteien selber schon Verhandlungen geführt haben. Dies gilt nur dann nicht, wenn eine der Parteien die Verhandlungen bewusst hinausgezögert oder verhindert hat[24]. Die Verhandlungsparteien können somit nicht durch eine Weigerung, Verhandlungen zu führen, rechtmäßig die Einleitung eines Arbeitskampfs erzwingen.

Die Tarifvertragsparteien sind nach § 3 Abs. 2 FL verpflichtet, einer Einladung des Schlichters Folge zu leisten[25]. Der Schlichter teilt in der Einladung den Parteien mit, ob er sich im Rahmen des Treffens von ihnen nur über den Konflikt selbst informieren lassen möchte, oder aber ob gleich die eigentlichen Verhandlungen stattfinden sollen.

Im Rahmen eines **Treffens zur Orientierung des Schlichters** stellen die Parteien jeweils ihre Streitpunkte und den Verlauf ihrer bisherigen Verhandlungen dar. Sie müssen dabei dem Schlichter auf dessen Anfrage hin alle einschlägigen Informationen erteilen[26]. Auf dieser Grundlage erörtert der Schlichter den weiteren Verhandlungsverlauf mit den Parteien. Es kann dabei vereinbart werden, dass die Verhandlungen parteiintern weitergeführt werden, ggf. mit einer laufenden Orientierung des Schlichters gekoppelt, oder aber, dass künftige Verhandlungen – die dann auch gleich terminiert werden – bei der Schlichtungsstelle erfolgen sollen[27]. Besteht nach Ansicht des Schlichters weder gegenwärtig noch zu einem späteren

24 Entscheidung des Arbeitsgerichts AD 91.109 (A 1991 133).

25 Eine Weigerung ist nach Maßgabe von § 14 Abs. 1 FL straf- bzw. bußgeldbewehrt.

26 Notiz des Instituts für Soziologie der Universität Kopenhagen, FaOS FAKTA, Forligsinstitution og konfliktrisiko, 2012 (fortan: FaOS, Forligsinstitution og konfliktrisiko), abrufbar unter www.faos.ku.dk.

27 Vgl. näher die Beschreibung der Arbeit der staatlichen Schlichtungsstelle, „Beskrivelse af forligsmandens fremgangsmåde i forbindelse med mægling m.v.“, auf der Homepage der Schlichtungsstelle, www.forligsinstitutionen.dk. (fortan: Beskrivelse af forligsmandens fremgangsmåde).

Zeitpunkt eine Grundlage dafür, einen Schlichtungsversuch zu unternehmen, kann ein Arbeitskampf ggf. aber auch sofort eingeleitet werden[28].

Bei einer eigentlichen **Verhandlung vor der Schlichtungsstelle** müssen die von den Parteien entsandten Unterhändler – die gemäß § 3 Abs. 1 FL selber jeweils der durch sie repräsentierten Organisation angehören[29] – ermächtigt sein, eine Vereinbarung über die Erneuerung des betreffenden Tarifvertrags einzugehen. Ggf. unter dem Vorbehalt einer nachträglichen Zustimmung der betreffenden Organisationen. Die Verhandlungen werden in der Regel mit einer gemeinsamen Besprechung eingeleitet, bei der die Vertreter über den bisherigen Verhandlungsverlauf und die bestehenden Probleme berichten. Danach erörtert der Schlichter mögliche Lösungen separat mit jeder Partei getrennt. Anschließend legt der Schlichter nach einer gemeinsamen Unterredung mit beiden Parteien den weiteren Verhandlungsverlauf fest. Ggf. erstellt er einen konkreten „Fahrplan" für die Klärung einzelner Problempunkte. Dabei legt er zugleich fest, ob die Parteien weiter (allein) miteinander verhandeln, oder aber ob die Verhandlungen bei der Schlichtungsstelle – unter seiner Leitung oder unter der Leitung eines Mediators (*mæglingsmand*) – fortgeführt werden sollen. Die Parteien sind verpflichtet, auf Aufforderung des Schlichters hin Tatsachenaufklärungen zu liefern (§ 6 Abs. 1 FL). Hat der Schlichter Zweifel am Wahrheitsgehalt der Tatsachenangaben, kann er nach Maßgabe von § 6 Abs. 2 und 3 FL eine Zeugenaussage vor dem Arbeitsgericht beantragen.

Ist abzusehen, dass die Tarifvertragsverhandlungen nicht vor dem Zeitpunkt abgeschlossen werden können, zu dem die Warnfrist zur Einleitung einer Arbeitskampfmaßnahme abläuft, ist der Schlichter aber nach dem Verlauf der bisherigen Verhandlungen der Auffassung, dass eine Grundlage für weitere Schlichtungen nach wie vor besteht, darf er die **Arbeitskampfmaßnahme aussetzen**:

Er kann verlangen, dass der Eintritt in den Arbeitskampf für eine Dauer von höchstens zwei Wochen suspendiert wird. Ein weiterer Aufschub folgt ggf. aus der Bestimmung des Schlichtergesetzes, wonach in einem solchen Fall die Einstellung der Arbeit erst am fünften Tag, nachdem der Schlichter innerhalb der Zwei-Wochen-Frist die Verhandlungen für abgeschlossen

28 Vgl. Beskrivelse af forligsmandens fremgangsmåde, Punkt 4.

29 Somit ist bspw. eine anwaltliche Vertretung nicht möglich. Eine Partei darf sich allerdings bei den Verhandlungen von einem Anwalt begleiten lassen, vgl. *Andersen* in KARNOV, § 3 Abs. 2 FL, Fn. 16, konsolidierte Fassung zum 10.10.2010.

erklärt hat, bzw. am fünften Tag nach Ablauf der Zwei-Wochen-Frist erfolgen darf (§ 3 Abs. 3 FL).

Eine zusätzliche Aussetzung von Arbeitskampfmaßnahmen ist gemäß § 4 Abs. 5 FL dann möglich, wenn der Schlichter zwar weitere Verhandlungen zwischen den Parteien für aussichtslos hält und der Auffassung ist, dass auch ein Schlichtungsvorschlag seinerseits von den Parteien nicht angenommen werden würde – der drohende Arbeitskampf aber lebenswichtige gesellschaftliche Institutionen oder Funktionen träfe, in sonstiger Weise weitreichende gesellschaftliche Auswirkungen hätte oder in Anbetracht der konkreten Umstände vermutlich einen ungünstigen Einfluss auf die Möglichkeiten einer friedlichen Beilegung des gesamten Konflikts auslösen könnte. Vor Ausspruch einer solchen zweiten Aussetzung müssen alle drei Schlichter gemeinsam über die Frage der Billigkeit einer Aussetzung beraten.

Eine Schlichtung bei der staatlichen Schlichtungsstelle kann zu folgenden Ergebnissen führen:

- Abschluss eines Tarifvertrags, den die Konfliktparteien allein vereinbart haben.
- Schlichtungsvorschlag des staatlichen Schlichters.
- Scheitern der Tarifvertragsverhandlungen mit daraus folgender Einstellung der Arbeit bzw.
- Beendigung der Verhandlungen ohne Ergebnis (aber auch ohne die Folge der sofortigen Einleitung des Arbeitskampfes).

In den meisten Fällen enden die Verhandlungen vor der staatlichen Schlichtungsstelle mit der Unterbreitung eines Tarifvertragsvorschlags durch den Schlichter. Der Vorschlag muss anschließend nach Maßgabe der §§ 10 ff. FL **von den Tarifvertragsparteien gebilligt** werden. Auf **Arbeitnehmerseite** geschieht dies in der Regel durch eine Urabstimmung unter den Gewerkschaftsmitgliedern[30]. Der Schlichtungsvorschlag gilt arbeitnehmerseitig als abgelehnt, wenn eine Mehrheit den Vorschlag ablehnt. Haben allerdings nur weniger als 40% der Stimmberechtigten abgestimmt, wird zusätzlich verlangt, dass mindestens 25% aller Stimmberechtigten für die Ablehnung des Vorschlags votiert haben. Auf **Arbeitgeber-**

---

30 Falls die Satzung der betreffenden Organisation dies vorsieht, kann die Abstimmung stattdessen auch durch eine dafür zuständige Versammlung - in der Regel der Hauptleitung der Organisation – erfolgen, *Andersen* in KARNOV, § 11 FL Fn. 40.

seite sind deren Satzungsbestimmungen für die Annahme oder die Ablehnung eines Schlichtungsvorschlags maßgeblich[31] (vgl. § 11 Abs. 2 FL).

Sieht sich der Schlichter hingegen außerstande, einen Schlichtungsvorschlag zu unterbreiten, oder wird sein Vorschlag in den anschließenden Abstimmungen von den Tarifvertragsparteien abgelehnt, kann der Gesetzgeber selbst den Schlichtungsvorschlag aufgreifen und mit Gesetzeskraft versehen. Alternativ kann der Gesetzgeber aber auch durch Gesetz laufende Tarifverträge mit gewissen Modifikationen verlängern[32] – womit der Tarifkonflikt sein Ende findet und die Friedenspflicht erneut auflebt.

3. Verknüpfung mehrerer Schlichtungsvorschläge

§ 12 Abs. 1 FL ermächtigt den Schlichter dazu, mehrere Schlichtungsvorschläge „ganz oder teilweise als eine Einheit zu betrachten", um dadurch eine Gesamtlösung der Konfliktlage zu ermöglichen. Diese Möglichkeit besteht unabhängig davon, wie die am Konflikt beteiligten Branchen organisiert sind[33]. Eine Verknüpfung mehrerer Vorschläge erfolgt in der Praxis in aller Regel dann, wenn mehrere Tarifvertragsverhältnisse, die Mitglieder derselben Dachverbände betreffen, zur selben Zeit vor der Schlichtungsstelle behandelt werden. Eine Verknüpfung ist aber auch in anderen Konstellationen möglich[34].

Das Vorbringen eines Schlichtungsvorschlags setzt nach gefestigter Praxis[35] voraus, dass sich keiner der Dachverbände dem direkt wider-

---

31 Der Großteil der Satzungen sieht eine Abstimmung in der Generalversammlung vor, so auch die Satzung von *Dansk Arbejdsgiverforening*, auf deren Generalversammlung die einzelnen Mitgliederorganisationen im Verhältnis zur Höhe ihres jährlich ausbezahlten Arbeitslohns repräsentiert sind, vgl. Andersen in KARNOV, § 11 FL Fn. 42 m.w.N.

32 *Nielsen*, Dansk Arbejdsret, 2. udgave 2012 (fortan: *Nielsen*), S. 163.

33 D.h. unabhängig davon, ob sie als selbständige Gewerkschaften/Arbeitgeberorganisationen oder als Mitglieder eines Zusammenschlusses strukturiert sind.

34 Vgl. etwa *Andersen* in KARNOV, § 12 FL Fn. 43. Aus der Rechtsprechung folgt, dass auch Verhandlungsergebnisse, die **ohne** Beistand des Schlichters erzielt worden sind, aber noch keine endgültige Wirkung erlangt haben, in einen Schlichtungsvorschlag mit eingebracht werden können, AD 87.081 (A 1987,136).

35 Bereits in den Vorarbeiten zu der im Jahre 1996 erfolgten Reform des FL wird davon ausgegangen, dass eine solche Verknüpfung nur dann erfolgen darf, wenn die relevanten Dachverbände hiermit einverstanden sind. *Kristiansen*, Grundlæggende

setzt[36]. Auch insoweit wird deutlich, dass die Schlichtungsstelle nicht nur Instrument des Staates ist, mit dem am Arbeitsmarkt Frieden angestrebt wird sondern in hohem Maße auch als eigenes Instrument der Arbeitsmarkparteien fungiert[37]. Das Schlichtergesetz verleiht außerdem nach Maßgabe von § 12 Abs. 2 den Arbeitnehmer- und den Arbeitgeberdachverbänden die Möglichkeit, eine Verknüpfung von Schlichtungsvorschlägen zu vermeiden, wenn sie gemeinsam Tarifvertragsgebiete in unterschiedliche „Gruppen" aufteilen und bestimmen, dass jede Gruppe getrennt zu Tarifvertragsvorschlägen Stellung nimmt. Bemerkenswerterweise haben die Arbeitsmarktparteien von dieser Option bisher keinen Gebrauch gemacht[38]. Auch dieser Umstand darf wohl als Zeugnis dafür gewertet werden, dass das Schlichtungsmodell nicht als staatlicher Eingriff in die Tarifvertragsautonomie der Arbeitsmarktparteien aufgefasst wird, sondern – übergeordnet betrachtet – im gemeinsamen Interesse sowohl von Arbeitgeber- wie Arbeitnehmerseite als auch des Staates liegt.

Gemäß § 12 Abs. 3 FL setzt eine Verknüpfung mehrerer Schlichtungsvorschläge voraus, dass die Verhandlungsmöglichkeiten auf dem betreffenden Gebiet nach Einschätzung des Schlichters erschöpft sind. Diese Voraussetzung ist nachträglich in das Schlichtergesetz eingearbeitet worden, nachdem die ILO in einem konkreten Fall auf Beschwerde des Dänischen Journalistenverbandes[39] hin, der von einer Verknüpfung von Schlichtungsvorschlägen erfasst worden war, obwohl für seine Berufsgruppe keine Verhandlungen geführt worden waren, Kritik geäußert hatte[40].

Aus den verknüpften Schlichtungsvergleichen entsteht ein „Schlichtungspaket", das aus

- den (in oder außerhalb der staatlichen Schlichtungsstelle) bereits erzielten Vergleichen,

---

arbejdsret, Kapitel 6., Abschnitt 3.1.3, hält es für möglich, dass zwischenzeitlich insoweit Gewohnheitsrecht entstanden ist.

36 Vgl. etwa *Due/Madsen*, Notiz von FaOS, OK 2007, Mæglingsforslag og sammenkædning, Sidste fase i overenskomstforløbet (fortan "*Due/Madsen*, OK 2007"), abrufbar unter www.faos.dk.

37 FaOS, Forligsinstitution og konfliktrisiko.

38 *Andersen* in KARNOV, § 12 FL Fn. 44.

39 *Dansk Journalistforbund*.

40 Vgl. *Due/Madsen*, OK 2007, sowie näher *Nielsen/Rehof*, International Arbejdsret, 1998, S. 202 ff.

- Bestimmungen, die auf der Grundlage der erzielten Vergleiche die Bedingungen für jene Gebiete, auf denen noch keine Verhandlungsergebnisse erzielt worden sind, festlegen, sowie ggf. aus
- fach- und branchenübergreifenden Bestimmungen, welche Dachverbände im Rahmen von abschließenden Beratungen festgelegt haben[41],

besteht.

Das Schlichtungspaket wird anschließend allen betroffenen Parteien zur Abstimmung vorgelegt. Die Abstimmungen erfolgen nach Maßgabe des § 12 Abs. 6 und 7 FL, die jenen bei einzelnen Schlichtungsvorschlägen (dazu oben unter IV.2.) weitgehend entsprechen. Die Ergebnisse aller Abstimmungen für die einzelne Fachbereiche oder Branchen werden anschließend addiert (§ 12 Abs. 4 FL). Entscheidend ist, ob das Schlichtungspaket danach mehrheitlich angenommen oder abgelehnt wird. Wird auf Arbeitgeberseite – insgesamt betrachtet – eine einfache Mehrheit für das Paket erzielt, gilt es arbeitgeberseitig als angenommen, widrigenfalls als abgelehnt. Auf Arbeitnehmerseite gilt das Paket dann als abgelehnt, wenn eine Mehrheit den Vorschlag ablehnt. Haben allerdings weniger als 40% der Stimmberechtigten abgestimmt, wird zusätzlich verlangt, dass mindestens 25% aller Stimmberechtigten für die Ablehnung des Vorschlags votiert haben (§ 12 Abs. 8 FL).

Die Verknüpfung der Abstimmungsergebnisse hat zur Folge, dass Branchen, die ein Schlichtungspaket abgelehnt haben, dennoch von diesem erfasst werden, wenn es nach dem Gesamtergebnis der Abstimmung angenommen worden ist. Umgekehrt bricht für den Fall, dass das Gesamtergebnis eine Ablehnung des Schlichtungspakets ist, ein Arbeitskampf aus, der sämtliche vom Paket sonst erfassten Parteien umfasst. Die bisherige Erfahrung mit Schlichtungspaketen zeigt, dass die Ablehnung seitens der mit dem Paket Unzufriedenen – auch infolge des Erfordernisses einer qualifizierten Mehrheit bei arbeitnehmerseitiger Ablehnung – in den meisten Fällen vom Ja der Befürworter überwogen wird[42].

In der Praxis ist die staatliche Schlichterstelle ein Dreh- und Angelpunkt bei Tarifvertragserneuerungen im **privaten Sektor**. Die eigentlichen

---

41 Es ist dabei typischerweise um Bestimmungen gegangen, durch welche zusätzliche Mittel für die Ausbildung von Vertrauensleuten und eine Erhöhung von der Zusatzrente des Arbeitsmarkts (*Arbejdsmarkedets tillægspension* – ATP) beschlossen worden sind, *Due/Madsen*, OK 2007.

42 FaOS, Forligsinstitution og konfliktrisiko, S. 2.

Tarifverhandlungen erfolgen auf Branchenebene[43]. Auf den von den Dachverbänden LO und DA erfassten Gebieten nehmen für die einzelnen Arbeitsmarktorganisationen und Verhandlungskartelle die zwei Dachverbände eine übergeordnete Koordinierung der Verhandlungen vor – in der Praxis erfolgt die Koordinierung durch die staatliche Schlichtungsstelle, bei der der staatliche Schlichter, LO und DA die wesentlichen Akteure sind[44]. Dies geschieht vor allem, weil DA als Hauptverband der Arbeitgeber den Wunsch hegt, **ein** (einziges) Schlichtungspaket für alle dem Hauptverband unterfallende Unternehmen zu schnüren[45]. Die Arbeitgeber streben eine Erneuerung sämtlicher der von LO und DA erfassten Tarifverträge und damit die Sicherung des Arbeitsfrieden auf dem gesamten Arbeitsmarkt an[46]. Misslingt der Versuch, wird stattdessen ein Großkonflikt virulent[47].

Im öffentlichen Sektor existieren hingegen mehrere, arbeitnehmerseitig errichtete Verhandlungskartelle – die größere Gruppen von Angestellten aus unterschiedlichen Gebieten umfassen können oder aber für einzelne

---

43 Bspw. werden Tarifvertragsverhandlungen in der Industrie zwischen dem Zusammenschluss der Arbeitnehmerorganisationen CO-Industri und der Arbeitgeberorganisation Dansk Industri (DI) geführt. Die Ergebnisse dieser Verhandlungen sind in der Regel für die übrigen Branchen richtungsweisend. Durch die branchenspezifischen Verhandlungen können die generellen Ergebnisse aber den besonderen Umständen und Bedürfnissen der jeweiligen Branchen angepasst werden, vgl. etwa Produktivitetskommissionens baggrundsrapport.

44 FaOS, Forligsinstitution og konfliktrisiko, S. 2.

45 Vgl. näher etwa *Kristiansen*, Grundlæggende arbejdsret, Kapitel 6, Punkt 3.1.3. Dadurch können drei verschiedene Gruppen im Schlichtungspaket auftreten: erstens die Parteien, die selber eine Tarifvertragseinigung erzielt haben; zweitens jene, die bei der staatlichen Schlichtungsstelle einen Vergleich abgeschlossen haben, und drittens die Parteien, die keinen Vergleich erzielt haben, und für die der staatliche Schlichter deswegen einen Schlichtungsvorschlag vorgelegt hat.

46 Vgl. etwa FaOS, Forligsinstitution og konfliktrisiko, S. 2. Problematisch erscheint, dass ein Schlichtungspaket, das sämtliche dem DA unterfallende Unternehmen erfasst, auch Auswirkungen für Arbeitnehmerorganisationen haben kann, die ihrerseits nicht Mitglieder von LO sind. Im bereits genannten Fall, in dem der dänische Journalistenverband trotz fehlender Verhandlungen von einem Schlichtungspaket erfasst wurde, stellte sich außerdem das Problem, dass die genannte Gewerkschaft nicht zum Dachverband der Arbeitnehmer, LO, gehörte. Auch dieser Umstand wurde von der ILO bemängelt. Die ILO hat ihre Kritik später wiederholt vorgetragen, der dänische Gesetzgeber hat dieser Kritik aber nicht Rechnung getragen, vgl. etwa *Kristiansen*, Grundlæggende arbejdsret, Kapitel 6, Punkt 3.1.3.

47 Vgl. näher etwa *Kristiansen*, Den kollektive arbejdsret, S. 536.

Personalgruppen gelten. Der öffentliche Sektor kennt deswegen im Gegensatz zum privaten keine Tradition für eine weitergehende Verhandlungskoordinierung. Die staatliche Schlichtungsstelle fungiert daher hier allein als Stelle, die Einzelorganisationen auffängt, welche sich einem generellen Vergleich nicht angeschlossen haben. Auch im öffentlichen Sektor sind es aber vorwiegend die Hauptorganisationen, die als Mitspieler des Schlichters auftreten, wenn es darum geht, einen Vergleich zu finden[48].

Dem Schlichter kommt – wie vom Forschungsinstitut FaOS treffend beschrieben – eine **Puffer-Funktion** zu: Die Tarifvertragsparteien können im Falle schwieriger Verhandlungen, bei denen typischerweise auch großer Druck aus den eigenen Reihen kommt, die Verantwortung für einen Vergleich mit der Gegenseite gewissermaßen auf die Schulter des staatlichen Schlichters legen[49].

V. Eingriffe des Gesetzgebers in Arbeitskonflikte

1. Die Gestaltungsmöglichkeiten des Gesetzgebers

Die staatliche Schlichtungsstelle hat neben ihrer Zuständigkeit, nach Vergleichen zu suchen und angekündigte Arbeitskampfmaßnahmen auszusetzen, keine generelle Möglichkeit, einen auf tarifvertragliche Forderungen gerichteten Arbeitskampf zu verhindern oder zu beenden. Dafür hat sich, wie bereits einleitungsweise erwähnt (oben unter II.), eine besondere Praxis entwickelt, wonach das Parlament, wenn wesentliche gesellschaftliche Interessen bedroht erscheinen, durch eine ad-hoc-Gesetzgebung in gekündigte bzw. bereits laufende Arbeitskämpfe (in der Regel Großkonflike) unmittelbar eingreifen kann[50]. Das primäre Ziel ist es, die Friedenspflicht wieder aufleben zu lassen. Ein entsprechendes Gesetz legt die Tarifver-

---

48 Vgl. näher *Due/Madsen*, Forligsinstitutionen og den offentlige sektor, FaOS, abrufbar unter www.faos.dk.

49 FaOS, Forligsinstitution og konfliktrisiko, S. 2.

50 *Kristiansen*, Grundlæggende arbejdsret, Kapitel 6, Abschnitt 3.2; *Ders.*, Den nordiske aftalemodels europæiske udfordringer, in Europa og den nordiske aftalemodel. Det komplicerede samspil mellem nordisk og europæisk arbejdsret (fortan: *Kristiansen*, Den nordiske aftalemodels europæiske udfordringer), TemaNord 2015:537, S. 15, 41. Die nachfolgende Darstellung der gesetzlichen Eingriffe in Arbeitskonflikte baut teilweise auf *Olsen-Ring* auf, Staatliche Eingriffe in das Sys-

tragsbedingungen fest. Den Parteien wird somit ein neuer Tarifvertrag für eine neue Tarifvertragsperiode (wobei diese typischerweise zwei Jahre ausmacht) aufgezwungen[51].

Bemerkenswert ist, dass diese einschneidenden politischen Eingriffe keinem generellen Gesetzgebungsrahmen unterfallen. Es müssen weder besondere Voraussetzungen erfüllt sein, um ein entsprechendes Gesetz erlassen zu können, noch werden spezifische Anforderungen an dessen Inhalt gestellt[52].

So kann der Gesetzgeber gewissermaßen als „Helfer des Schlichters" oder „Exekutor des Schlichterwillens" auftreten, indem er für den Fall, dass sich der staatliche Schlichter konkret außerstande sieht, einen Schlichtungsvorschlag tatsächlich zu unterbreiten, oder sein Vorschlag von den Tarifvertragsparteien abgelehnt wird, dessen Vorschlag aufgreift und mit Gesetzeskraft versieht. Dem Gesetzgeber steht es aber auch frei, den Schlichtungsvorschlag inhaltlich zu ändern und erst dann als Gesetz zu verabschieden.

Alternativ kann durch Gesetz auch die Geltungsperiode der betreffenden noch laufenden Tarifverträge mit gewissen Modifikationen verlängert werden[53].

Weiterhin kann das Parlament einen von den Tarifvertragsparteien selber erarbeiteten Verhandlungsvorschlag, der im Rahmen der Abstimmung unter den Mitgliedern abgelehnt worden ist, als Gesetz verabschieden.

In der Praxis hat sich das Parlament in fast allen Fällen, in denen es sich dafür entschieden hat, in einen Arbeitskonflikt einzugreifen, darum bemüht, als Gesetzesgrundlage ein Modell zu wählen, das tatsächlich Gegenstand von Verhandlungen zwischen den Parteien gewesen ist.

Das arbeitsrechtliche ad-hoc-Gesetz, mit dem in einen Arbeitskonflikt interveniert wird, wird wegen der zeitlichen Brisanz immer im Wege eines beschleunigten Gesetzgebungsverfahrens erlassen: Das Gesetz kann innerhalb von ein paar Tagen beschlossen werden.

---

tem der Mindestentgelte in Dänemark, in: Löschnigg (Hrsg.), Staatliche Eingriffe in das System der Mindestentgelte im internationalen Vergleich, 2013, S. 196 ff.

51 *Kristiansen*, Grundlæggende arbejdsret, Kapitel 6, Abschnitt 3.2.

52 *Kristiansen*, Grundlæggende arbejdsret, Kapitel 6, Abschnitt 3.2.

53 Vgl. etwa *Nielsen*, Kapitel 2, Punkt 3.5.4. Mit Erlass des Gesetzes findet der Tarifkonflikt auch in diesem Fall sein Ende, und die Friedenspflicht lebt erneut auf.

2. *Der Tarifvertrag als Gesetzgebungsdiktat – ein Verstoß gegen die Verfassung oder gegen internationales Recht?*

Durch einen **gesetzlichen Eingriff** in einen Arbeitskonflikt übernimmt der Gesetzgeber also die Rolle des Normengebers in Bezug auf jene Lohn- und Arbeitsbedingungen, die eigentlich auf Tarifvertragsebene festgelegt werden – d.h. die Rolle, die nach dem dänischen Modell ansonsten und grundsätzlich den Tarifvertragsparteien zukommt[54]. Rechtlich werden die staatlich festgelegten Bestimmungen – d.h. die gesetzlichen Regelungen – so behandelt wie ein Tarifvertrag, den die Arbeitsmarktparteien selbst abgeschlossen haben.

Man könnte sich fragen, wie dies **verfassungsrechtlich** zu bewerten ist. Auf nationaler Ebene gibt ein solcher gesetzlicher Eingriff keinen Anlass zu verfassungsrechtlichen Bedenken. Denn das Grundrecht auf Vereinsfreiheit, das in § 78 des dänischen Grundgesetzes verankert ist, umfasst keine „kollektiven Rechte" – wie etwa ein Recht auf Ausübung von Arbeitskonflikten (bspw. ein Streikrecht). Ein Kollektivvertrag wird im Übrigen nicht an sich durch das Eigentumsrecht (§ 73 des dänischen Grundgesetzes) geschützt[55].

Das Recht, kollektivrechtliche Verhandlungen zu führen und Arbeitskampfmaßnahmen zu initiieren, genießt allerdings auch in Dänemark als integrierter Bestandteil der Vereinsfreiheit nach Art. 11 der Europäischen Menschenrechtskonvention (EMRK) Schutz[56]. Vor diesem Hintergrund stellt sich die Frage, inwieweit staatliche Eingriffe in einen Arbeitskonflikt erlaubt sind. Dem Wortlaut des Art. 11 Abs. 2 EMRK[57] folgend sind nur solche Eingriffe, die in einer demokratischen Gesellschaft als „notwendig"

---

54 Vgl. *Kristiansen*, Den kollektive arbejdsret, S. 506, der darauf hinweist, dass hierdurch keine Probleme in Bezug auf die Gewaltenteilung entstehen.

55 Vgl. etwa *Kristiansen*, Den kollektive arbejdsret, S. 506, mit Verweis auf eine Entscheidung des Obersten Gerichtshofs Dänemarks (U1987/1H) bezüglich eines gesetzlichen Eingriffs in einen Vertrag, der praktizierende Ärzte betraf und als „Teil der generellen Einkommenspolitik der Gesellschaft" betrachtet wurde. Der gesetzliche Eingriff widerspreche daher nicht dem Grundrecht auf Eigentum. Obwohl der Vertrag an sich kein arbeitsrechtlicher Vertrag war, wurde er im konkreten Fall mit einem solchen gleichgestellt.

56 Formal kommt der EMRK in Dänemark kein Verfassungs-, sondern normaler Gesetzesrang zu.

57 Mit dem Urteil *Demir und Baykara* des EGMR vom 12.11.2008 wurde im Rahmen eines Paradigmenwechsels klargestellt, dass das Recht, kollektive Verträge auszuhandeln, einen eigenständig geschützten Teil der Vereinsfreiheit darstellt.

qualifiziert werden können, erlaubt. Der EGMR kam im Jahre 2002 in einem von einer norwegischen Gewerkschaft vorgelegten Fall, in dem die Gewerkschaft einen gesetzlichen Eingriff in einen Arbeitskonflikt bezüglich Arbeitsbedingungen auf Ölbohrplattformen rügte[58], nach Prüfung der Gründe für die konkrete Intervention des norwegischen Gesetzgebers zum Schluss, dass der Eingriff den Tatbestand der „Notwendigkeit" erfüllte. Der EGMR hat insoweit akzeptiert, dass ein Eingriff des Gesetzgebers in einen Arbeitskonflikt aus wirtschaftlichen Gründen, denen gesellschaftliche Bedeutung zukommt, berechtigt sein kann[59].

Auf internationaler Ebene sind gesetzliche Eingriffe des dänischen Gesetzgebers in Arbeitskonflikte hingegen mehrfach vom Komitee zur Organisationsfreiheit der **ILO** als **konventionswidrig** kritisiert worden[60]. Aus dänischer Sicht haben die internationalen Kontrollorgane jedoch eine sehr

---

Gleichermaßen konstatierte der EGMR in seinem Urteil *Yapi-Yol Sen* vom 21.4.2009,dass das Streikrecht von Gewerkschaften ein selbständig geschützter Teil der Vereinsfreiheit darstellt, vgl. dazu etwa *Kristiansen*, Den nordiske aftalemodels europæiske udfordringer, S. 15, 41 f. Art. 11 Abs. 2 EMRK lautet in Gänze wie folgt: „Die Ausübung dieser Rechte darf nur Einschränkungen unterworfen werden, die gesetzlich vorgesehen und in einer demokratischen Gesellschaft notwendig sind für die nationale oder öffentliche Sicherheit, zur Aufrechterhaltung der Ordnung oder zur Verhütung von Straftaten, zum Schutz der Gesundheit oder der Moral oder zum Schutz der Rechte und Freiheiten anderer. Dieser Artikel steht rechtmäßigen Einschränkungen der Ausübung dieser Rechte für Angehörige der Streitkräfte, der Polizei oder der Staatsverwaltung nicht entgegen".

58 Federation of Offshore Workers' Trade Unions and Others against Norway, Application no. 38190/97. In jenem Fall hatte die norwegische Regierung unter Verweis auf die erheblichen wirtschaftlichen Auswirkungen einer Arbeitseinstellung auf den norwegischen Ölplattformen – mit einem geschätzten wöchentlichen Produktionsausfall im Wert von umgerechnet etwa 0,34 Milliarden Euro – in einen Streik durch Beschluss eingegriffen und dabei eine Zwangsschlichtung vor dem nationalen Ausschuss für Lohnfestsetzung nach Maßgabe des entsprechenden Gesetzes (*lov om lønsnemnd i arbeidstvister*, Nr. 7 vom 19.12.1952) angeordnet.

59 *Kristiansen*, Den nordiske aftalemodels europæiske udfordringer, S. 15, 41, sowie *Ders*, Grundlæggende arbejdsret, Kapitel 6, Abschnitt 3.2..

60 Zuletzt hat die ILO in Bezug auf den großen Lehrerkonflikt, der im Jahr 2013 in Dänemark stattfand (dazu unten V.3.) gerügt, dass die Tarifvertragsverhandlungen nicht „frei und offen" geführt worden seien. Die ILO hat im Übrigen auch, was Norwegen anbelangt, entsprechende Eingriffe des norwegischen Gesetzgebers kritisiert. Als Antwort auf die grundsätzliche Kritik der ILO stellte das oberste Gericht Norwegens (*Høyesterett*) im o.g. Rechtsstreit bezüglich eines gesetzlichen Eingriffs in einen Arbeitskonflikt, der Arbeitsbedingungen auf einem Ölplattform betraf – und der anschließend vor den EGMR gebracht wurde – fest, dass „die teil-

restriktive Praxis entwickelt, die sich vom ursprünglichen Konventionstext weit entfernt. Die Konvention schütze nicht ausdrücklich das Konfliktsrecht, sondern setze nur voraus, dass ein Konfliktsrecht überhaupt existiert[61]. Die ILO akzeptiert heute grundsätzlich nur Eingriffe in Arbeitskonflikte, wenn diese zur Wahrung besonders wichtiger Funktionen (sog. „essential services“) in der Gesellschaft als notwendig erscheinen, und denkt dabei an Fälle, in denen ein Arbeitskonflikt eine Gefahr für Leben, Gesundheit oder die persönliche Sicherheit der Bevölkerung in sich birgt[62].

Die **EU-Grundrechtecharta** spricht in diesem Kontext nach meinem Dafürhalten deswegen keine Rolle, da sie nur dann zur Anwendung gelangt, wenn spezifisches EU-Recht in Rede steht.

Das Instrument eines gesetzlichen Eingriffs in Arbeitskonflikte wird in Dänemark daher auch mehr als eine politische Frage denn als eine Sache des Rechts angesehen[63].

3. Die bisherige Eingriffspraxis

Die Entscheidung, ob und wie in einen Arbeitskonflikt gesetzlich eingegriffen wird, folgt keiner fest verankerten Praxis. Es geht immer um eine konkrete, politische Abwägung, die von sehr vielen Faktoren beeinflusst werden kann – naturgemäß vor allem von der Stimmungslage in der Bevölkerung und den politischen Mehrheitsverhältnissen im Parlament. Die Gesetzgebungsinitiative überlässt das Parlament auf diesem Gebiet in aller Regel der Regierung[64].

Die daraus resultierende Unwägbarkeit ist gewissermaßen auch gewollt. Es herrscht ein breiter politischer Konsens darüber, dass die Tarifvertragsparteien nicht im Vorfeld die Möglichkeit haben sollen, zu erkennen, ob,

---

weise weitreichenden Einschränkungen der Möglichkeit, in [Arbeitskonflikte] einzugreifen, die die ILO befürworte, [keine] Grundlage in den Texten der Abkommen [der ILO], so wie diese ursprünglich ausgehandelt und beschlossen wurden, finden“, Norsk Retstidende 1997/580.

61 Vgl. vor allem das Abkommen Nr. 87, Art. 3, 8 und 10, so auch *Kristiansen*, Grundlæggende arbejdsret, Kapitel 6, Abschnitt 3.2.

62 *Kristiansen*, Grundlæggende arbejdsret, Kapitel 6, Abschnitt 3.2.

63 *Kristiansen*, Den kollektive arbejdsret, S. 505 f.

64 *Kristiansen*, Grundlæggende arbejdsret, Kapitel 6, Abschnitt 3.2.

und ggf. wann und wie, das Parlament in einen konkreten Arbeitskonflikt eingreifen wird.

Die Verhandlungspartner sollen gerade durch die bestehende Unsicherheit darüber, ob der Staat eingreift, dazu animiert werden, sich ernsthaft und nachhaltig darum zu bemühen, selbst – ggf. mit Hilfe des neutralen staatlichen Schlichters – zu einem erfolgreichen Verhandlungsergebnis zu kommen.

Ein Blick auf die **bisherige Parlamentspraxis** zeigt denn auch ein recht buntes Bild. Anbei ein knapper Überblick über die Gesetzgebungspraxis seit den 1970'er Jahren des vergangenen Jahrhunderts:

Der **private Sektor** war in den 1970er Jahren des vergangenen Jahrhunderts von einer Konfrontationshaltung der Arbeitsmarktparteien geprägt. Diese führte in vielen Fällen zu nicht schlichtbaren Arbeitsmarktkonflikten. Vor diesem Hintergrund endeten die Tarifvertragsverhandlungen der zwei großen Dachverbände wiederholt mit generellen gesetzlichen Eingriffen[65]. In der Folgeperiode gelang es den Arbeitsmarktparteien – die nunmehr darauf bedacht waren, staatliche Eingriffe zu vermeiden – selbst Tarifvertragsabschlüsse zu erzielen. Erst 1985 sah sich der Staat abermals zum Eingreifen gezwungen, als im Rahmen eines Großkonflikts die Gewerkschaften eine wöchentliche Arbeitszeitreduzierung von 40 auf 35 Stunden, einen Schutz gegen niedrige Löhne und erhöhte Rentenbeiträge der Arbeitgeber forderten. Nach einer Woche Streik wurde die Beendigung des Arbeitskonflikts per Gesetz verordnet, und die Regierung legte selbständig die Tarifvertragsbedingungen fest, darunter eine Arbeitszeitreduzierung auf 39 Stunden in der Woche[66]. In diesem Fall ließen sich die Proteste nicht sofort beenden. Es fanden anschließend über ein paar Wochen hinweg noch rechtswidrige Streiks statt[67].

Im Rahmen der nächsten Tarifrunde im Jahr 1987 verliefen die Tarifvertragsverhandlungen wieder interventionsfrei, gingen aber mit erheblichen Lohnsteigerungen einher.

---

65 Generelle gesetzliche Eingriffe erfolgten drei Mal nacheinander, nämlich in den Jahren 1975, 1977 und 1979. Folgt man einigen Stimmen in der Literatur, befand sich das ganze Tarifvertragssystem dadurch in einer ernsthaften Krise, vgl. näher dazu *Jacobsen*, Krise for det arbejdsretlige system?, Juristen 1977, S. 111 ff., und *Krarup*, Den juridiske aura – om arbejdsrettens grundbegreber, Juristen 1980, S. 221 ff.

66 Die wöchentliche Arbeitszeit beträgt heute typischerweise 37 Stunden.

67 Vgl. *Knudsen*, Arbejdskonflikter i Danmark.

Daraufhin trat die Regierung in einen Dialog mit den Arbeitsmarktparteien ein und bewog sie dazu, mit der Regierung gemeinsam eine Absichtserklärung für künftige Tarifvertragsverhandlungen zu verabschieden. Nach dieser gemeinsamen Absichtserklärung herrschte zwischen der Regierung und den Arbeitsmarktparteien Einigkeit darüber, dass es von entscheidender Bedeutung ist, dass die Kostenentwicklung in Dänemark nicht jene des Auslands übersteigt[68]. Auf der Grundlage dieser Absichtserklärung wurde ein gemeinsamer Ausschuss ins Leben gerufen, der aus Repräsentanten der Staatsverwaltung und der Arbeitsmarktorganisationen bestand, und der auch längerfristig die Kosten- und Wettbewerbsentwicklung auf dem in- und ausländischen Arbeitsmarkt verfolgen sollte. Dadurch wurde eine Verständigung zwischen den Dachverbänden in den Folgejahren erleichtert[69].

1998 folgte der nächste Großkonflikt, bei dem die Streikenden insbesondere für einen jährlichen Urlaubsanspruch von sechs (statt fünf) Wochen kämpften. Nach zehn Tagen Streik – während dessen praktisch der gesamte private Sektor lahm gelegt war und die Verbraucher regelrecht „hamsterten“[70] – beendete der sozialdemokratische Premierminister den Konflikt durch die Vorlage eines Gesetzes, das sich stark an den Tarifvertragsergebnissen orientierte, die vor ihrer Ablehnung durch eine Urabstimmung bereits erzielt worden waren[71].

Im **öffentlichen Sektor** sind vor allem Streiks im Gesundheitswesen, vornehmlich der Krankenschwestern und -pfleger, vorgekommen. Drei große Konflikte auf diesem Gebiet illustrieren, wie schwierig es ist, im Vorfeld zu prophezeien, ob der Gesetzgeber in einen laufenden Konflikt eingreifen wird oder nicht[72]. Im Jahre 1995 wurde bereits nach acht Tagen Streik eingegriffen, im Jahre 1999 lief der Konflikt ganze drei Wochen. 2008 streckte sich der Konflikt, an dem auch Kindergärtnerinnen teilnahmen, wider Erwarten über fast zwei Monate. Die damalige liberal-konservative Regierung griff **nicht** ein, und die Tarifvertragsparteien mussten den langen, zermürbenden Konflikt selber mit einem Vergleich beenden

---

68 Vgl. näher etwa *Kristiansen*, Den kollektive arbejdsret, S. 537.

69 Vgl. näher zur Geschichte der staatlichen Eingriffe *Kristiansen*, Den kollektive arbejdsret, S. 504 ff.

70 Dieser Streik wird z.T. als die „Hefekrise“ bezeichnet, weil in der Bevölkerung vor allem Furcht vor einem Mangel an Hefe für das Brotbacken herrschte.

71 Der Forderung nach sechs Wochen Urlaub wurde dabei nicht entsprochen.

72 *Kristiansen*, Grundlæggende arbejdsret, Kapitel 6, Abschnitt 3.2.

(der letztlich weit unter den von den Arbeitnehmern gestellten Forderungen lag).

Dass die Regierung im Jahre 2008 davon Abstand nahm, einen Konflikt im Gesundheitswesen und in den KiTas politisch zu beenden, hatte Signalwirkung: Die Gewerkschaften können seither nicht länger davon ausgehen, dass ein Konflikt nach einer gewissen Zeit mehr oder weniger automatisch durch Gesetz beendet wird – und dass sie deshalb selber nicht die Verantwortung für ein unliebsames Tarifvertragsergebnis übernehmen müssen. Die Gefahr langer Konflikte und damit einhergehend notleidend werdender Streikkassen ist real![73]

Seit 2008 erfolgten in Dänemark vor allem im Zuge der Finanzkrise umfassende Spar- und Effektivierungsmaßnahmen im öffentlichen Sektor. Diese haben auf Tarifvertragsebene dazu geführt, dass die öffentlichen Angestellten – ebenso wie die Angestellten des privaten Sektors – nur noch bescheidene Lohnsteigerungen akzeptieren mussten. Mit den Änderungen von Regelungen, die einen Effektivierungs- (und z.T. auch Reduzierungs-) prozess im öffentlichen Sektor beschleunigen sollen, haben sich die Arbeitnehmer schwerer getan. So waren bei den Tarifvertragsverhandlungen des Jahres 2013 vor allem die besonderen Bestimmungen über die Arbeitszeiten unterschiedlicher Lehrergruppen Gegenstand unüberbrückbarer Unstimmigkeiten zwischen der Zentralorganisation der Lehrer und dem Landesverband der Gemeinden Dänemarks[74]. Die Tarifvertragsverhandlungen spielten sich zu einem Zeitpunkt ab, zu dem im Parlament eine größere Schulreform ausgearbeitet wurde, mit der u.a. das Konzept einer Ganztagsschule einherging[75]. Kernpunkt des Streits war die Frage, ob Arbeitszeitbestimmungen, wie von der Arbeitgeberseite verlangt, nicht

73 Vgl. auch *Due/Madsen*, FaOS Notiz, Lærerkonflikten: Med lockouter skal land bygges, 2013, (fortan: *Due/Madsen*, Med lockouter skal land bygges) S. 12. Die Arbeitgeberseite verlangte vor allem, dass die Arbeitszeitbestimmungen von den Schulleitern festgelegt werden sollten. Die Schulleiter sollten entscheiden, wie die Arbeitsstunden der einzelnen Lehrer verwendet werden. Konkret, wie viele Stunden für Unterricht, Vorbereitung, Zusammenarbeit mit den Eltern und anderes mehr wann und wie zu leisten sind. Die Lehrer wandten sich u.a. gegen das Lösungsmodell „mehr Unterricht und weniger Vorbereitung“ sowie gegen die Einschränkung ihrer Freiheit, in Eigenverantwortung ihre Arbeitszeit einzuteilen.

74 *Lærernes Centralorganisation* (LC) und *Kommunernes Landsforening* (KL).

75 Die Tageszeitung Politiken berichtete am 25.4.2013 in einem Artikel („Fakta: Her er hovedpunkterne i regeringens indgreb i lærerkonflikten“, abrufbar unter www.politiken.dk), es gehe aus einem gemeinsamen Dokument des dänischen Fi-

mehr wie bisher zwischen den einzelnen Gemeinden und deren Lehrer ausgehandelt, sondern stattdessen von den einzelnen Schulleitern einseitig festgelegt werden sollten. Es ging somit um das grundsätzliche Recht des Schulleiters, die Arbeit zu leiten und zu verteilen. Da der Arbeitskonflikt damit zu einem grundsätzlichen Kampf um das Weisungsrecht wurde, hatte der staatliche Schlichter kaum Verhandlungsspielraum, um nach einem Kompromiss zu suchen. Er hat denn auch nicht von seiner Möglichkeit, den Arbeitskampf zunächst auszusetzen, Gebrauch gemacht, und es lag weder ein Schlichtungsvorschlag noch eine Schlichtungsskizze vor, die bei einem gesetzlichen Eingriff als Vorlagen hätten dienen können.

Der Landesverband der Gemeinden griff zum Instrument der Aussperrung und es schloss sich eine lange, folgenschwere und fast vollständige Lähmung des Schulwesens an, bis die Regierung nach vier Wochen den Konflikt beendete und dabei u.a. den Schulleitern das Weisungsrecht zusprach. Im Rückblick sei angemerkt, dass die Umsetzung der Schulreform seither mit vielen Schwierigkeiten verbunden ist, und dass der politisch angedachte Rahmen für die Arbeitszeiten nicht unverändert Bestand gehabt hat[76].

Der Verlauf des Lehrerkonflikts – und seine Folgewirkungen – zeigen auf, dass das dänische Modell „**Option eines politischen Eingriffs**" Schwächen beinhaltet, wenn es um Konflikte im öffentlichen Sektor geht.

---

nanz- sowie des Unterrichtsministeriums hervor, dass die geplante Reform der staatlichen Schulen („*folkeskolen*") z.T. aus Mitteln finanziert werden sollte, die durch eine „Normalisierung der Arbeitszeiten der Lehrer" frei werden würden. Es wurde daher gemutmaßt, dass der Landesverband der Gemeinden bei den Tarifvertragsverhandlungen tatsächlich das Vorhaben der Regierung, die Ganztagsschule einzuführen, mit im Auge hatte und sich davon auch hatte lenken lassen.

76 Das Gesetz eröffnete – als begrenzte Ausnahme angedacht – den einzelnen Gemeinden die Möglichkeit, statt den Schulleitern die Arbeitszeitgestaltung zu überlassen auf lokaler Ebene, so wie es früher geschah, mit den Gewerkschaften der Lehrer eine Arbeitszeitvereinbarung einzugehen. Tatsächlich hat jede zweite Gemeinde von dieser Möglichkeit Gebrauch gemacht. Die Folge ist, dass in diesen Fällen die Lehrer – von denen sehr viele nach dem gesetzlichen Eingriff und im Zuge der Schulreform mit dem Gedanken spielten, ihre Stelle zu kündigen (wobei eine Vielzahl von ihnen dies letztlich auch tatsächlich tat) – zwar mehr Stunden als früher in der Schule verbringen müssen – aber, was die Einteilung der Arbeitszeiten anbelangt, im Großen und Ganzen so arbeiten, wie es vor dem Ausbruch des Lehrerkonflikts auch der Fall war (!), vgl. dazu etwa TV Øst, Mange lærere bestemmer igen selv over deres arbejdstid, Internetartikel vom 23.6.2015, abrufbar unter www.tveast.dk.

Eine Grundschwäche kann darauf zurückgeführt werden, dass die Regulierung von Lohn- und Arbeitsbedingungen im öffentlichen Sektor letztlich politisch gesteuert wird, und dass ein Arbeitsausfall zunächst weniger (wenn überhaupt) die Arbeitgeberseite – die Lohnkosten sparen will – als die Arbeitnehmerseite – deren Streikkassen geschmälert werden – trifft. Der Finanzminister tritt bei Konflikten gleichzeitig in drei Funktionen auf, die ihm eine sehr starke Position verleihen: Er ist Arbeitgeber, Leiter einer politischen Behörde und parteipolitischer Akteur[77]. Die Arbeitnehmer befinden sich dadurch in einer schwächeren Position. *Due/Madsen* beschreiben die Situation wie folgt: „Die Arbeitgeber können abwarten, bis die vom Konflikt betroffenen Gruppen aufgeben. Sie können aber auch ihre Rolle wechseln und in Gestalt des Gesetzgebers den Konflikt durch einen Eingriff beenden“[78].

Im Zeitpunkt des Lehrerkonflikts herrschte somit keine Waffengleichheit. Dies erscheint gerade angesichts des grundlegenden Konsensgedankens beim dänischen Arbeitsrechtsmodell, wonach die Parteien alles tun sollen, um bei entgegengesetzten Interessen Kompromisse zu erzielen, problematisch[79]. Auch die Idee, dass die Arbeitsmarktparteien gerade unabhängig von der Politik ihre Angelegenheiten im Wege der Selbstverwaltung regeln, wird dadurch gestört, dass auf Arbeitgeberseite das politische Machtinstrument eines Eingriffs in laufende Konflikte zur Verfügung steht.

Wenn die Politik eingreift, tut sie es im öffentlichen Sektor nicht als eine Art „dritte“, sondern als eine direkt involvierte, nämlich als Arbeitgeber (unmittelbar betroffene) Partei.

Will die Politik am Modell „Option eines Eingriffs in laufende Konflikte“ festhalten, dürfte es sich daher empfehlen, bei schwelenden und laufenden Arbeitskämpfen im öffentlichen Sektor mit Bedacht vorzugehen, um die Unterstützung in der Bevölkerung nicht zu verlieren. Die Arbeitnehmer müssen ihrerseits, wie dies *Due/Madsen* vermerken[80], versuchen, so konstruktiv wie möglich zu verhandeln, und dabei die von der politischen Mehrheit konkret festgelegten Prämissen akzeptieren. Dies dürfte jedenfalls in dem Maße gelten, wie diese Prämissen mit der Stimmung in der Bevölkerung konform gehen. Arbeitnehmer- wie Arbeitgeberseite

77 *Due/Madsen*, Med lockouter skal land bygges, S. 13.

78 *Due/Madsen*, Med lockouter skal land bygges, S. 13.

79 So auch *Due/Madsen*, Med lockouter skal land bygges, S. 13 f.

80 *Due/Madsen*, Med lockouter skal land bygges, S. 15.

sollten allerdings nicht außer Acht lassen, dass die Stimmung im Parlament und in der Bevölkerung keine statischen Größen sind.

4. Exkurs: Sicherung des Friedens am Arbeitsmarkt durch sog. „Dreiergespräche"

Abschließend sei angemerkt, dass die Regierung – u.a. auch um den Frieden auf dem Arbeitsmarkt zu sichern – dann, wenn sie arbeitsmarktpolitische Reformen für opportun hält, oft versucht, durch sog. **„Dreiergespräche" (*trepartsforhandlinger*)** mit den Sozialpartnern einen breiten Konsens zu erzielen[81].

Im Frühjahr 2016 ist es bspw. gelungen, eine themenmäßig schwierige Dreiervereinbarung zustande zu bringen – nämlich eine Vereinbarung über die Arbeitsmarktintegration von Flüchtlingen und Personen, die im Rahmen von Familienzusammenführungen nach Dänemark gekommen sind[82].

Im Rahmen der Dreiergespäche ist eine verstärkte Integration von Flüchtlingen auf dem Arbeitsmarkt vereinbart worden. Parallel dazu sollen ernsthafte Anstrengungen unternommen werden, auch allen anderen Gruppen von Arbeitslosen den Wiedereintritt in den Arbeitsmarkt zu erleichtern. Regierung und Arbeitsmarktparteien haben vor diesem Hintergrund beschlossen, ihre Dreiergespräche fortzuführen und dabei die Arbeitsmarktintegration anderer Gruppen gezielt anzugehen, etwa indem sie sich über die Themen „ausreichende, qualifizierte Arbeitskraft im ganzen Land" und „Praktikumsplätze für Jugendliche" unterhalten[83]. Was die Flüchtlinge anbelangt soll die Integration auf dem Arbeitsmarkt anhand

81 Im Jahre 2012 fanden Dreiergespäche unter der Leitung der sozialdemokratischen Premierministerin *Helle Thorning Schmidt* statt. Dabei wurden die Themen „verbesserte Wettbewerbsfähigkeit", „wirtschaftliches Wachstum" und „Schaffung neuer Arbeitsplätze" aufgegriffen. Die Beratungen scheiterten allerdings. Ein unüberbrückbarer Streitpunkt war vor allem die Frage, ob zur Verbesserung der wirtschaftlichen Lage des Landes zwei Feiertage abgeschafft werden sollten. Es wurde also kein Konsens erzielt, und das Scheitern gab zugleich Anlass zu leidenschaftlichen Diskussionen darüber, ob die „Ära der Dreiergespräche" vorbei sei. Die Regierung tauschte sich aber tatsächlich auch später wieder mit den Arbeitsmarktparteien in arbeitspolitischen Einzelfragen intensiv aus.

82 *Trepartsaftale om arbejdsmarkedsintegration*, u.a. abrufbar auf der Homepage des dänischen Arbeitsministeriums: www.bm.dk.

83 Vgl. Trepartsaftale om arbejdsmarkedsintegration, S. 1.

einer langen Reihe konkreter Maßnahmen zeitlich beschleunigt und qualitativ verbessert werden. Geplant ist u.a. die schnelle Anerkennung von im Ausland erworbenen Kompetenzen, eine verstärkte Unterstützung jener Unternehmen, die Flüchtlinge aufnehmen, ein wirtschaftsorientierter Sprachunterricht sowie eine neue zweijährige „integrative Grundausbildung“ (“*integrationsgrunduddannelse, IGU*“). Mit der IGU wird für diejenigen Personen, deren „Qualifikationen und Produktivität“ noch nicht den Erfordernissen auf dem dänischen Arbeitsmarkt entsprechen, eine Ausbildung geschaffen, während der eine Vergütung entsprechend eines Azubi-Lohns bezahlt wird. Im Nachgang der Dreiervereinbarung ist bereits (am 20. März 2016) ein entsprechender Gesetzesentwurf vorgelegt worden: „Vorschlag zur Änderung des Integrationsgesetzes, des Gesetzes über Dänischunterricht, des Gesetzes über Sozialwohnungen und weiterer relevanter Gesetze (bessere Rahmenbedingungen für die Aufnahme und die Integration von Flüchtlingen; ein verstärktes, unternehmensbezogenes Integrationsprogramm)“[84].

84 *Lovforslag om ændring af integrationsloven, danskuddannelsesloven, lov om almene boliger m.v. og forskellige andre love (Bedre rammer for at modtage og integrere flygtning, styrket virksomhedsrettet integrationsprogramm).*

Ein Allgemeiner Überblick über das Streikrecht und die Streikfreiheiten in der Türkei

Prof. Dr. Alpay Hekimler
Namuk Kemal Universität Tekirdag

Die allgemeinen Strukturen des kollektiven Arbeitsrechtes und somit auch die des Arbeitskampfrechtes wurden in der Türkei im Jahr 2012 durch das neue Gewerkschafts- und Tarifvertragsgesetz neu geordnet. Dennoch ist es heute in vielen Kreisen unumstritten, dass auch das geltende Recht nicht mit den europäischen Normen kompatibel ist[1]. Das heutige System kann man zweifelsohne in verschiedener Hinsicht kritisieren, insbesondere die Einschränkungen des Streikrechtes, die im Folgenden dargestellt werden, geben dazu reichlich Anlass.

Bekanntlich ist das Streikrecht ein fundamentales Grundrecht, das auch durch die Grundrechte-Charta der EU sowie den Übereinkommen der ILO garantiert wird. Dieser Grundsatz muss einwandfrei und ohne Einschränkungen auch beim EU-Beitrittskandidaten Türkei gesetzlich verankert sein, jedoch auch in der Praxis umgesetzt werden.

I. Das neue Gewerkschafts- und Tarifvertragsgesetz

Es war lange Zeit unumstritten, dass die Türkei ihr kollektives Arbeitsrecht neu ordnen muss, da die alten Regelungen nicht mehr den Bedürfnissen der Arbeitswelt entsprachen und zugleich auch nicht mit dem internationalen, insbesondere dem europäischen Recht kompatibel waren. Bis zur Verabschiedung des neuen Gesetzes wurden im Laufe der letzten Jahre

1 *Vgl.* ***Gülsevil Alpagut***, 6356 Sayılı Kanunun Avrupa Konseyi, AB ve İLO Normların Uyumu Açısından Değerlendirilmesi, İş Hukukunun Güncel Sorunları Semineri, 2012, S. 113 ff; ***ders***, 6356 Sayılı Yasanın Toplu İş Sözleşmesi ve Toplu İş Uyuşmazlıklarına İlişkin Hükümlerinin Değerlendirilmesi, Legal İşHSGHD, 2012/35, S. 25 ff; ***Metin Kutal***, İnsan Haklarına İlişkin Uluslararası Çalışma Sözleşmeleri Işığında Türk Hukukunda Örgütlenme ve Toplu Pazarlık Hakları, Sicil İş Hukuku Dergisi, Mart, 2013, S. 135 ff.

zahlreiche Gesetzentwürfe erarbeitet, wobei nicht nur Entwürfe von der Regierungsseite, sondern auch von Arbeitnehmer- und Arbeitgeberseite vorgelegt worden sind. Die Parteien konnten sich jedoch nicht auf einen Text einigen. Insbesondere war das Thema Tarifermächtigung strittig, aber auch über weitere Punkte konnte man sich nicht abschließend verständigen.[2]

Der Gesetzgeber hat sich jedoch im Endeffekt dafür entschieden, die ehemaligen zwei Gesetze, das Gewerkschaftsgesetz[3] und das Tarifvertrags-, Streik- und Aussperrungsgesetz[4], die im Jahr 1983 verabschiedet worden waren und mehrmals Änderungen erfahren hatten, zusammenzufassen[5] und den neuen gesetzlichen Rahmen im Gewerkschafts- und Tarifvertragsgesetz[6] (GTvG) zu bestimmen.

Dieses Gesetz bestimmt heute den kollektiven Rahmen des Arbeitsrechtes. Wie allein schon der Name des Gesetzes verrät, beinhaltet das Gesetz nicht nur Bestimmungen über das Arbeitskampfrecht, sondern auch über die Organisation der Arbeitnehmer- und der Arbeitgebervertretungen, also Gewerkschaften und Arbeitgeberverbände, deren Gründung und Aufgaben sowie deren Betätigungsfelder.

Dieses neue Gesetz hat zwar in manchen Bereichen einige wichtige neue Änderungen gebracht, aber im Allgemeinen kann man es keinesfalls als große Reformarbeit bezeichnen.

---

2 ***Tankut Centel***, Sendikalar ve Toplu İş Sözleşmesi Kanunu, Mess, 2014, S. 1.

3 Sendikalar Kanunu Yasa No:2821 – Kabul Tarihi:5.5.1983 – Yayım Tarihi: RG. 7.5.1983, No.18040.

4 Toplu İş Sözleşmesi Grev ve Lokavt Kanunu Yasa No:2822 – Kabul Tarihi: 5.5.1983 – Yayım Tarihi: RG. 7.5.1983, No.18040.

5 Für die Entwicklungsgeschichte des Streikrechtes in der Türkei siehe insbesondere, ***Aysen Tokol***, Türk Endüstri İlişkiler Sistemi, 4.baskı, Dora Yayınları, Bursa, 2015; ***Banu Uçkan***, Türkiye'de Sendikalararası Rekabet, Selüloz-İş Yayınları, İstanbul, 2002; ***Fevzi Demir***, Atatürk Dönemi Çalışma Hayatımız, Nusret Ekin'e Armağan, Tühis, Ankara, 2000, s.793-815, ***Mesut Gülmez***, Türkiye'de Çalışma İlişkiler – 1936 Öncesi, TODAİE, 1983.

6 Sendikalar ve Toplu İş Sözleşmesi Kanunu, Kanun No:6356 – Kabul Tarihi: 18.10.2012 – Yayım Tarihi: RG. 7.11.2012, No.28460.

II. Verfassungsrechtliche Grundlagen des Arbeitskampfrechtes

Das Recht zu streiken wurde zum ersten Mal in der Türkei durch die Verfassung von 1961 anerkannt. Zuvor war Streiken ausdrücklich verboten und stellte zugleich eine Straftat dar. Die amtierende Regierung möchte seit einigen Jahren eine neue Verfassung einführen, allerdings reicht ihr dafür nicht die Mehrheit im Parlament. Für die Erarbeitung der neuen Verfassung wurde im Parlament eine Kommission eingesetzt, welche aber im Endeffekt scheiterte und aufgelöst wurde.

In diesem Punkt muss allerdings betont werden, dass das Bestreben der amtierenden Regierung nach einer neuen Verfassung keineswegs in der Erweiterung des Streikrechtes begründet liegt, sondern vielmehr ist die Einführung eines Präsidialsystem, vergleichbar mit dem der USA und Frankreich, angestrebt, was jedoch heftig umstritten ist.

Die Verfassung von 1982[7] garantiert den Arbeitnehmern auch heute das Recht zu streiken. Dieses Recht unterscheidet sich jedoch erheblich vom deutschen Verständnis und dem weiterer europäischer Länder.[8]

Mit dem Volksentscheid vom 12. September 2010, bei dem 58% der Stimmberechtigten das Vorhaben der Regierungspartei AKP unterstützten, wurden 26 Artikel der Verfassung geändert. Das Reformpaket beinhaltete unter anderem eine Justizreform, nach der die Richterzahl beim Verfassungsgericht von 11 auf 17 erhöht und drei Richter nicht mehr durch den Staatspräsidenten, sondern durch das Parlament berufen werden sollten. Zudem sollte der Hohe Rat der Richter und Staatsanwälte *(Hakimler Savcılar Yüksek Kurulu - HSYK)* neu konstituiert werden - was schließlich auch geschah. Dieses Vorhaben hatte damals große Aufmerksamkeit erlangt und eine starke Debatte ausgelöst. Im Rahmen dieses Reformpakets wurde auch der Artikel 54 der Verfassung, der das Streikrecht garantiert, umgeschrieben.

In Artikel 54 heißt es: *„Bei Auftreten eines Konfliktes während des Abschlusses eines Tarifvertrages haben die Arbeitnehmer das Streikrecht. Verfahren, Bedingungen, Umfang und Ausnahmen des Gebrauchs des Streikrechts und der Anwendung der Aussperrung durch den Arbeitgeber werden durch Gesetz geregelt.*

---

7 Eine deutsche Übersetzung der Verfassung ist abzurufen unter: http://www.verfassungen.eu/tr/, abgerufen 21.04.2015

8 *Siehe* Länderbeiträge in ***Alpay Hekimler/ Gerhard Ring***, Tarifrecht in Europa, 2012.

Das Streikrecht und die Aussperrung dürfen nicht in einer gegen die Regeln von Treu und Glauben verstoßenden Weise zum Schaden der Gemeinschaft und in einer das nationale Vermögen zerstörenden Weise gebraucht werden.

In welchen Fällen und in welchen Betrieben Streik und Aussperrung verboten oder aufgeschoben werden können, wird durch Gesetz geregelt.

In den Fällen des Verbots von Streik und Aussperrung oder, wenn sie aufgeschoben sind, am Ende ihrer Aufschiebung wird der Konflikt durch die Hohe Schlichtungskommission gelöst. In jeder Phase des Konflikts können die Parteien in gegenseitiger Übereinstimmung die Hohe Schlichtungskommission anrufen. Die Beschlüsse der Hohen Schlichtungskommission sind unanfechtbar.

Organisation und Aufgaben der Hohen Schlichtungskommission werden durch Gesetz geregelt.

Wer an einem Streik nicht teilnimmt, darf durch die Streikteilnehmer von der Arbeit im Betrieb auf keine Weise abgehalten werden“[9].

Mit dem bereits erwähnten Volksentscheid wurde der Abs. 3 sowie der Abs. 7 aufgehoben. Zuvor hieß es in Abs. 3: „Sind während des Streiks als Folge von vorsätzlichen oder fahrlässigen Handlungen von am Streik beteiligten Arbeitnehmern oder der Gewerkschaft im bestreikten Betrieb durch sie verursachte Schäden aufgetreten, haftet die Gewerkschaft“. Und in Abs. 7 hieß es: „Streik und Aussperrung mit politischem Zweck, Solidaritätsstreik und -aussperrung, Generalstreik und -aussperrung, Betriebsbesetzung, Arbeitsverzögerung, Herabsetzung der Effizienz und andere Widerstandsaktionen sind unzulässig“.

Hieraus wird ersichtlich, dass laut der Verfassung die Arbeitnehmer nur das Recht zu streiken haben, wenn die Streitigkeiten während der Tarifverhandlungen nicht beseitigt werden konnten. Daher ist der Arbeitskampf fester Bestandteil der verfassungsmäßig garantierten Rechte, jedoch nur bei scheiternden Tarifverhandlungen.[10] Dies hat zu Folge, dass gegen bestehende Tarifverträge nicht gestreikt bzw. ausgesperrt werden kann, ansonsten würde man von einem rechtswidrigen Streik sprechen.

---

9 Die deutsche Übersetzung der Verfassung ist abzurufen unter: http://www.tuerkei-recht.de/downloads/verfassung.pdf .

10 *Siehe, **Devrim Ulucan***, Kanuni Grev Kararı ve Sonuçları, Çalışma ve Toplum Dergisi, 2013/4, S. 275-287.

III. Das Streikrecht nach Bestimmungen des Gesetzes

Ein Streik ist bekanntlich eine kollektive Arbeitsniederlegung, die die Verweigerung von in der Regel vertraglich vereinbarten Arbeitsleistungen zur Folge hat. Diese Art von Arbeitsniederlegung kann sehr unterschiedliche Adressaten und Ziele haben.

1. Der Begriff „Streik" und „Aussperrung" nach dem türkischen Verständnis

Der Begriff wird in Art. 58 Abs. 1 des GTvG explizit definiert. Demgemäß *„wird eine Situation Streik genannt, in der Arbeitnehmer gemeinsam die Arbeit niederlegen und ihre Tätigkeiten im Betrieb einstellen oder sich gemäß der Art der Arbeit untereinander auf das Ziel verständigen, eine erhebliche Verzögerung herbeizuführen oder einem Beschluss folgen, den eine Gewerkschaft in derselben Absicht fasst, nämlich die Arbeit kollektiv niederzulegen und der Arbeit nicht nachzukommen."*

Wenn wir einen Blick auf das allgemeine Bild des Streikes als Arbeitskampfinstrument werfen, kann man sofort feststellen, dass dieses Instrument wie bereits betont, sehr unterschiedliche Adressaten und Ziele haben kann. Wie das Organisations- und das Tarifvertragsrecht in der Türkei, so ist auch das Arbeitskampfrecht, das ja mit den beiden erwähnten eigentlich verschmolzen ist, vom Gesetzgeber streng reglementiert[11].

Dem Gesetzgeber war es nicht genug, nur den Streik zu definieren, sondern er ist so weit gegangen, dass er wie auch im vorigen Gesetz die Begriffe „rechtmäßiger" sowie „rechtswidriger" Streik in Abs. 2 und 3 des Artikels definiert hat. Wobei hier anzumerken ist, dass auch in den Vorgänger-Gesetzen diese Begrifflichkeiten verankert waren und es somit keine neue Erfindung der Regierung darstellt.

Nach dem geltenden Recht wird ein Streik, der mit dem Ziel durchgeführt wird die wirtschaftliche und soziale Situation und die Arbeitsbedingungen von Arbeitnehmern zu schützen und zu verbessern, wenn während des Abschlusses des Tarifvertrages Streitfälle auftreten, als rechtmäßiger Streik anerkannt. Der rechtswidrige Streik wurde vom Gesetzgeber dage-

---

11 *Siehe, **Ulucan***, S. 275-287.

gen als Streik definiert, der ohne die Bedingungen des rechtmäßigen Streiks zu erfüllen, durchgeführt wird.[12]

Damit ein Streik als rechtmäßiger Streik anerkannt werden kann, darf dieser zum einen nicht verboten sein, zum anderen müssen auch die Bedingungen für einen rechtmäßigen Streik gegeben sein[13]. Nach dem türkischen Recht kann jeder der Parteien, also eine Gewerkschaft oder ein Arbeitgeberverband sowie ein nicht organisierter einzelner Arbeitgeber, beim zuständigen Arbeitsgericht eine Feststellungsklage *(tespit davası)* erheben, um feststellen zu lassen, ob ein beschlossener oder bereits stattfindender Arbeitskampf[14] rechtmäßig ist oder auch nicht[15].

Wenngleich der Begriff „Streik“ generell als kollektive Arbeitsniederlegung der Arbeitnehmer bezeichnet werden kann, unterscheiden sich die Arbeitsniederlegungsarten, wie bereits angedeutet, stark voneinander. Die bekanntesten unter ihnen sind der Generalstreik, der politische Streik, der Unterstützungsstreik, der auch als Solidaritätsstreik bezeichnet wird, der Sitzstreik und der Warnstreik. Im alten Tarifvertrags-, Streik- und Aussperrungsgesetz wurden diese Arbeitskampfinstrumente zwar ausdrücklich verboten und auf die bereits erwähnte Verfassungsbestimmung des Art. 54. Abs. 7 hingewiesen und deswegen nicht zugelassen, weil dies einen offenen Verstoß gegen die Verfassungsnorm darstellen würde.

Dessen ungeachtet sehen wir, dass zwar die Verfassungsnorm mit dem Volksentscheid vom 12. September 2010 außer Kraft gesetzt wurde, jedoch hat der Gesetzgeber mit seinem neuen Gesetz diese Art von Arbeitskampfinstrumenten nicht zugelassen. Dies führt uns im Endeffekt zum Ergebnis, dass die Regierung trotz der Verfassungsänderung nicht gewillt war, dieses Verbot überhaupt aufzuheben.

Demzufolge werden heute die Praktizierung dieser und auch ähnlicher Arten von Arbeitskampfmaßnahmen nicht als Kampfmittel anerkannt und als rechtswidriger Streik ausgelegt. In diesem Punkt können wir sagen, dass sich mit dem neuen Gesetz nichts geändert hat. Dies ist mit den Verfassungsbestimmungen zu begründen, da die bereits angesprochene Ver-

---

12 *Siehe*, ***Algun Çifter***, Yasadışı Grev ve Sonuçları, Toker Dereli'ye Armağan, 2006, s.469-484, ***Ünal Narmanlıoğlu***, Kanun Dışı Grevin Grevle İlgili İşçilerin İş İlişkilerine Etkileri, Kemal Oğuzman'a Armağan, Ankara, 1997, S. 299-338.

13 ***Metin Kutal***, Toplu İş Hukuku Açısından T.C. Anayasasında Yapılan Son Değişiklikler (2010), in FS: Sarper Süzek'e Armağan, Beta, , 2011, S. 1588 ff.

14 Dieses gilt für den Streik sowie die Aussperrung.

15 Art. 71 Abs. 1 des GTvG.

fassungsnorm diese Art der Arbeitskampfmittel nicht zulässt. Aus diesem Grund wird es ohne eine Novellierung oder Aufhebung dieser Verfassungsbestimmung nicht möglich sein, eine Umgestaltung vorzunehmen.

Die Definition des Begriffs „Aussperrung“ wird in Artikel 59 Abs. 1. GTvG vorgenommen. Infolgedessen wird eine Situation Aussperrung genannt, *„in [der] die Tätigkeiten im Betrieb infolge des Beschlusses des Arbeitgebers oder des Arbeitgeberverbands im ganzen eingestellt und die Arbeitnehmer vom Betrieb gemeinsam ausgeschlossen werden“.*

Unter diesen Umständen kann man nur von einer Aussperrung sprechen, wenn die Tätigkeit im Betrieb vollkommen zum Erliegen kommt. Folglich liegt keine Aussperrung vor, wenn die Tätigkeit nur zum Teil zum Erliegen kommt. Wie der rechtmäßige und rechtswidrige Streik im Gesetzestext erläutert wird, so ist auch die rechtmäßige und rechtswidrige Aussperrung anhand derselben Prinzipien definiert. Danach wir eine Aussperrung, die infolge des Scheiterns einer Tarifrunde und der Beschlussfassung eines Streiks von der Gewerkschaft und nach den Vorschriften des Gesetzes durchgeführt wird, als rechtmäßige Aussperrung anerkannt.

Allerdings muss hier betont werden, dass die Aussperrung als Arbeitskampfinstrument in den letzten Jahren kaum eingesetzt wurde. Dennoch hat der Gesetzgeber, um die Arbeitskampfinstrumente „Streik“ und „Aussperrung“ gleichzustellen, das Gesetz in dieser Hinsicht geregelt.

2. *Absolute Streik- und Aussperrungsverbote*

In der Türkei herrscht trotz des neuen Gesetzes im Vergleich zu anderen europäischen Staaten ein ziemlich ausgedehntes Streik- und Aussperrungsverbot,. Neu ist allerdings, dass das Verbot für bestimmte Branchen aufgehoben, aber in anderen weiterhin aufrechterhalten wurde.

In drei Artikeln des alten Gesetzes waren für bestimmte Berufstätigkeiten und Arbeitsplätze ein absolutes Streikverbot sowie Bestimmungen über vorübergehende Streikverbote niedergelegt.[16] Diese Regelungen wurden nun mit dem neuen Gesetz in einem Artikel vereinheitlicht[17]. Insgesamt kann man urteilen, dass dadurch die Lage übersichtlicher geworden ist.

---

16 *Vgl.*, Art. 29, 30 und 31 vom TvAG mit Nummer 2822.

17 *Siehe*, Art. 62 des GTvG.

Heute gilt für Arbeiten zur Rettung von Leben und Gütern; Beisetzungs- und Bestattungsarbeiten; bei Arbeiten in der Wasserversorgung, Strom- und Gasgewinnung, Energieproduktion sowie in der Petrochemie-Branche immer noch ein absolutes Streik- bzw. Aussperrungsverbot[18]. Ein weiteres Verbot gilt bei der öffentlichen Feuerwehr und öffentlich betriebenen Krankenhäusern sowie in Betrieben des Militärs[19]. Manche dieser Verbote kann man noch nachvollziehen, dass jedoch sogar das Streiken auf Friedhöfen ausdrücklich verboten ist, mag wohl nicht mit den Normen des internationalen Rechts vereinbar sein.

Aber auch die Dienstleistungen der Banken sowie ein striktes Streikverbot für öffentliche Verkehrsmittel fielen mit dem neuen Gesetz unter das Streik- und Aussperrungsverbot. Diese Verbote hat das Verfassungsgericht jedoch mit seinem Urteil vom 22.10.2014[20] als verfassungswidrig erklärt[21].

Aufgehoben wurde das Streik- und Aussperrungsverbot bei Notariaten, Bildungseinrichtungen, Kinderbetreuungseinrichtungen und Altersheimen sowie für einen begrenzten Teil des Gesundheitssektors. In Krankenhäusern gilt allerdings weiterhin ein Streikverbot. Apotheken fallen dagegen mit dem neuen Gesetz nicht mehr unter dieses Verbot.

Eine bedeutende Bestimmung ist in Abs. 2 des Art. 62 GTvG niedergelegt. Hiernach kann der Ministerrat, wenn er es als erforderlich erachtet, einen Streik bzw. eine Aussperrung verbieten, wenn und solange es als Folge einer Naturkatastrophe zu einer Beeinträchtigung des Gemeinwohls gekommen ist. Nachdem das Verbot aufgehoben wurde, können die Parteien binnen sechzig Tagen den Arbeitskampf unter der Voraussetzung fortsetzen, dass der Gegenseite, also wenn es sich um einen Streik handelt

---

18 *Siehe*, Art. 62 Abs. 1 des GTvG.

19 *Siehe*, Art. 62 Abs. 1 des GTvG; ***Toker Dereli***, 6356 Sayılı Sendikalar ve Toplu İş Sözleşmesi Kanunu: Genel Bir Değerlendirme, Çalışma ve Toplum, 2013/1, S. 24 ff.

20 *Siehe*, http://www.turkis.org.tr/ANAYASA-MAHKEMESI-6356-SAYILI-KANUNA-ILISKIN-KARARINI-VERDI-d503, abgerufen, 21.04.2015.

21 *Siehe*, ***Banu Uçkan Hekimler***, Anayasa Mahkemesinin Sendikal Haklara İlişkin İptal Kararlarının Genel Bir Değerlendirmesi, Çalışma ve Toplum Dergisi, 2015/4, S. 11-34.
Pir Ali Kaya, Anayasa Mahkemesinin 6356 Sayılı Sendikalar ve Toplu İş Sözleşmesi Kanunu'nun Bazı Hükümlerinin İptaline İlişkin 22 Ekim 2014 Tarihli Kararının Sendika Özgürlüğü Açısından Değerlendirilmesi, Karatahta İş Yazıları Dergisi, Sayı:1 Nisan 2015, S. 217-230.

dem Arbeitgeberverband bzw. dem unorganisierten Arbeitgeber, wenn es sich um eine Aussperrung handelt der Gewerkschaft, sechs Tage im Voraus Bescheid gegeben wird. Im alten Gesetz war noch bestimmt, dass man sich, um die Streitigkeiten zu lösen, an den Obersten Schiedsrichterausschuss wenden musste, wenn der Arbeitskampf infolge einer Naturkatastrophe verboten wurde,[22]. Dass diese neue Bestimmung zweifelsohne eine bedeutende Novellierung ist, steht wohl außer Diskussion.

Als die Tarifverhandlungen zwischen der Türkischen Airline (THY) und der ermächtigten Gewerkschaft Hava-İs scheiterten und die Gewerkschaft zum Streik aufrief, hat die Regierung mit dem Erlass eines Sammelgesetzes[23], durch das für die Branche ein Streikverbot verhängt wurde, einen Weg eingeschlagen, welcher gerade nicht mit demokratischen Werten zu vereinbaren war. Nach dem ersten Streiktag wurden 350 THY-Beschäftigte gekündigt. Die Regierung begründete ihre Aktion damit, dass der Streik der wirtschaftlichen Entwicklung schadet und die Unternehmen sowie Bürger von dem Arbeitskampf negativ beeinflusst werden.[24] Diese Reaktion der Regierung hat in der Türkei, aber auch im Ausland, für heftige Diskussionen gesorgt. Das Verbot wurde allerdings durch das neue Gesetz ein paar Monate später wieder aufgehoben.[25]

Im Rahmen der behandelten Thematik muss gleichwohl noch kurz auf eine weitere Gesetzesänderung verwiesen werden. Wie bereits erwähnt, wurde das neue Gesetz am 18. Oktober 2012 erlassen und trat mit der Veröffentlichung am 7. November 2012 im Amtsblatt in Kraft. Dass der türkische Gesetzgeber sehr fleißig ist, wird jedoch daran deutlich, dass das Streikverbot nicht einmal zwei Monate später durch das Finanzmarktgesetz[26] vom 6. Dezember 2012 erweitert wurde. Durch dieses wurde ein Streikverbot für alle Arbeitnehmer verhängt, die in Börsen, Wechselbörsen und weiteren Finanzinstitutionen tätig sind.

Gegen diese Novellierung des Gesetzes wurde beim Verfassungsgericht eine Annullierungsklage eingereicht. Die Mehrheit der Richter erachtete

---

22 Für Organisation, Aufgaben und Funktion des Obersten Schiedsrichterauschusses siehe Art. 54, 55, 56 und 57 des GTvG.

23 6321 sayılı Bazı Kanunlarda Değişiklik Yapılmasına Dair Kanun, Kabul Tarihi. 31.05.2012, Yayım Tarihi. RG. 3.06. 2012, No:28312.

24 Ausführlich zur die Begründung *siehe*, http://www.sayilikanun.com/6321-sayili-kanun/, abgerufen 25.03.2015.

25 *Siehe*, ***Ulucan***, S. 278.

26 *Siehe*, 6362 sayılı Sermaye Piyasası Kanunu, Kabul Tarihi. 6.12.2012, Yayım Tarihi. RG. 30.12. 2012, No:28512, Art. 137 Abs. 2.

diese Bestimmung allerdings nicht als verfassungswidrig und die Klage wurde schließlich mit Urteil vom 14.11.2013 zurückgewiesen[27]. Das Gericht berief sich bei seiner Entscheidung auf den Art. 54 Abs. 4 der Verfassung, in dem, wie bereits erwähnt, geregelt ist, dass durch Gesetz geregelt werden kann, in welchen Fällen und Betrieben Streiks und Aussperrungen verboten oder aufgeschoben werden können. Zwar betonte das Gericht, dass das Streikrecht ein sehr wirksames Instrument bei der Findung der Rechte der Arbeitnehmer sei, jedoch könne ein Streik in dieser Branche die Volkswirtschaft, die Unternehmen, Banken und Bürger negativ beeinflussen und die Wohlfahrt der Gesellschaft beeinträchtigen, so dass daher die Aufnahme des Finanzsektors in den Bereich der Streikverbote im öffentlichen Interesse liege.

In der abweichenden Meinung der Verfassungsrichter wird dagegen zusammenfassend erwähnt, dass das Streikverbot durch die Bestimmung erweitert worden ist und jeder Streik von Natur aus zu finanziellen Verlusten führen kann. Demnach müsse für ein Streikverbot ein Grund vorliegen, der für die nationale Volkswirtschaft in erheblichem Maße Risiken birgt. Weiterhin wird auch betont, dass die Grundrechte durch diese Bestimmung eingeschränkt werden.[28] In diesem Punkt muss erwähnt werden, dass eher der abweichenden Meinung der Verfassungsrichter zuzustimmen ist und das Urteil wohl kaum mit den europäischen sowie internationalen Normen über das Arbeitskampfrecht vereinbar scheint.

3. *Ablauf eines Arbeitskampfes*

Es stellt sich nun die Frage, nachdem das absolute Streikverbot kurz dargestellt wurde, wie sich überhaupt der Ablauf eines legalen Streiks in der Türkei nach den Gesetzesvorschriften gestalten soll.

Wie nicht jede Gewerkschaft ermächtigt ist, einen Tarifvertrag auszuhandeln, so ist auch infolgedessen nicht jede Gewerkschaft autorisiert zu einem Streik aufzurufen. Im Zweifel würde man schon von einem illegalen Arbeitskampf sprechen. Im Voraus muss erwähnt werden, dass, wenn eine Gewerkschaft überhaupt zum Streik aufrufen und einen Arbeitskampf

---

27 Anayasa Mahkemesi, 14.11.2013, E.2013/24 K.2013/133 der Beschluss ist abzurufen unter: http://www.resmigazete.gov.tr/eskiler/2014/07/20140722-16pdf.

28 *Siehe*, Fn. 28.

durchsetzen möchte, eine ziemlich lange Prozedur durchlaufen werden muss.

Art. 47 Abs. 3 GTvG bestimmt, dass Tarifverhandlungen nicht länger als sechzig Tage nach dem ersten Zusammentreffen andauern dürfen. Sollten die Verhandlungen binnen oder nach Ablauf dieser Frist für gescheitert erklärt werden, ist dies von einer der Parteien schriftlich binnen sechs Arbeitstagen der zuständigen Behörde mitzuteilen.[29] Die zuständige Behörde, die die ins Deutsche als Tarifverhandlungsscheiterungserklärung *(Uyuşmazlık yazısı)* zu übersetzende Bescheinigung erhalten hat, ist laut Gesetz verpflichtet, wiederum binnen sechs Arbeitstagen, einen Zwangsschlichter von der amtlichen Schlichterliste zu bestimmen. Wenn sich die Parteien auf einem Namen, der in der Liste aufgeführt ist, einigen, wird diese Person als Schlichter beauftragt. Sollten die Parteien sich nicht einig sein, oder einer der Parteien während der Festlegung des Schlichters nicht anwesend sein, so hat die zuständige Behörde diesen laut der Gesetzesvorschrift von Amts wegen zu bestimmen[30].

Das Gesetz bestimmt, dass die Amtszeit des Schlichters 15 Tage beträgt. Diese Frist kann jedoch auf weitere sechs Arbeitstage verlängert werden, wenn sich die Parteien darauf verständigen. Sollte es zwischen den Parteien zu einer Einigung kommen, wird der Tarifvertrag unterzeichnet. Wird der Konflikt hingegen nicht beigelegt, so ist der Schlichter verpflichtet, binnen drei Arbeitstagen einen Bericht zu verfassen und darin auch seine persönliche Meinung bekannt zu geben. Dieser Bericht ist der zuständigen Behörde weiterzuleiten, die sodann diesen Bericht wiederum binnen drei Arbeitstagen den Parteien zukommen lassen muss.[31] Die Einzelheiten über das Schlichtungsverfahren sind gesondert durch eine Verordnung geregelt.[32]

Nachdem der Bericht vom Schlichter, der ins Deutsche als Uneinigkeitsbericht (Uyuşmazlık tutanağı) zu übersetzen ist, den Parteien zugestellt wurde, kann binnen sechzig Tagen ein Streikbeschluss gefasst und

---

29 Wenn es sich um einen Betriebs- oder Unternehmenstarifvertrag handelt, ist die zuständige Behörde die Direktion der Anstalt für Arbeit und Arbeitsvermittlung (Çalışma ve İş Kurumu İl Müdürlüğü), ım Fall eines Gruppentarifvertrages ist es das Ministerium für Arbeit und soziale Sicherheit, siehe, Art. 2 Abs. c des Gesetzes.

30 Art. 50. Abs. 1 des GTvG.

31 Art. 50 Abs. 5 des GTvG.

32 Toplu İş Sözleşmesinde Arabulucuya ve Hakeme Başvurma Yönetmeliği, RG. 7.12.2013, No: 28844.

unter der Voraussetzung, dass der Gegenseite, also dem Arbeitgeberverband bzw. dem unorganisierten Arbeitgeber sechs Tage im Voraus Bescheid gegeben wird, der Streik durchgesetzt werden.[33] Sollte binnen dieser gesetzlichen Frist kein Streikbeschluss gefasst werden, verliert die Gewerkschaft laut Gesetzesvorschrift für diese Tarifrunde ihre Ermächtigung zum Abschluss eines Tarifvertrages und zugleich würde dann ein Arbeitskampf als illegal einzustufen sein.[34] Der Streikbeschluss ist sofort im Betrieb bzw. Unternehmen bekannt zu machen.[35]

Nach der Zustellung des Streikbeschlusses an den Arbeitgeberverband bzw. den einzelnen Arbeitgeber kann dieser wiederum binnen sechzig Tagen einen Aussperrungsbeschluss fassen und diesen, unter der Voraussetzung der Gewerkschaft sechs Tage im Voraus Bescheid zu geben, durchführen[36]. Wie der Streikbeschluss, so ist auch der Aussperrungsbeschluss sofort im Betrieb bzw. Unternehmen bekannt zu machen.[37]

Arbeitnehmer können laut der Bestimmung in Art. 64 GTvG selbst entscheiden, ob sie sich an einem Streik beteiligen oder nicht. Sollte ein Arbeitnehmer an einem Streik teilnehmen, dann ist er laut Gesetzesbestimmung verpflichtet, den Arbeitsplatz bzw. den Betrieb zu verlassen[38]. Weiterhin wird geregelt, dass Arbeitnehmer, die sich nicht an dem Streik beteiligen oder ihre Meinung geändert haben, in keiner Art und Weise daran gehindert werden können, ihrer Arbeit nachzugehen, es sei denn, der Arbeitgeber möchte sie während des Streikes nicht beschäftigen[39].

Es kann nicht verhindert werden, dass Rohstoffe, Material und Weiteres während eines Streiks in den Betrieb geliefert werden. Zudem kann auch nicht unterbunden werden, dass die Güter und Dienstleistungen, die von Arbeitnehmern hergestellt werden, die sich nicht am Streik beteiligt haben, vom Betrieb ausgeliefert werden[40].

Es ist hier deutlich zu erkennen, dass der Gesetzgeber zur Beseitigung des Tarifkonfliktes als erstes das Instrument der Zwangsschlichtung ein-

---

33 Art. 60 Abs. 1 des GTvG.
34 Art. 60 Abs. 1 des GTvG.
35 Art. 60 Abs. 3 des GTvG.
36 Art. 60 Abs. 2 des GTvG.
37 Art. 60 Abs. 3 des GTvG.
38 Art. 64. Abs. 1 des GTvG.
39 Art. 64. Abs. 1 des GTvG.
40 Art. 64. Abs. 4 des GTvG.

setzt und erst danach einen Arbeitskampf zulässt. Zudem wurde für den Ablauf ein fester Zeitrahmen bestimmt.

4. Die Urabstimmung

Eine Urabstimmung hinsichtlich des angestrebten Streikes ist durchzuführen, wenn diese nach der Bekanntmachung des Streikbeschlusses im Betrieb von mindestens einem Viertel der Belegschaft schriftlich bei der zuständigen Behörde beantragt worden ist.

Diese ist dann wiederum binnen sechs Arbeitstagen nach Antragstellung auszuführen. Die Urabstimmung ist daher kein generelles Pflichtverfahren vor dem Arbeitskampf und wird nur auf Wunsch von der Belegschaft durchgeführt. Die Urabstimmung dient somit dazu, die abschließende Meinung der Belegschaft einzuholen.[41]

An der Urabstimmung können organisierte wie unorganisierte Mitarbeiter oder auch Arbeitnehmer, die Mitglied einer anderen Gewerkschaft sind, teilnehmen. Allerdings nur diejenigen, die bereits bei der Bekanntmachung des Streikbeschlusses beschäftigt waren. Wie die Urabstimmung durchzuführen ist, ist mit der Urabstimmungsverordnung, die am 11.10.2013 in Kraft getreten ist, konkretisiert worden[42].

Wenn die Mehrheit der an einer Urabstimmung teilnehmenden Arbeitnehmer den Streik ablehnt, darf der Streik nicht durchgeführt werden. Findet er dennoch statt, gilt er dann als rechtswidriger Streik.

Alle Arten von Einsprüchen im Zusammenhang mit der Urabstimmung sind binnen drei Tagen beim Arbeitsgericht zu erheben, das sein Urteil wiederum binnen drei Tagen zu verkünden hat. Gegen diesen Entscheid kann kein Widerspruch eingelegt werden und er gilt mit der Verkündung als rechtskräftig.[43] Im Falle, dass das Arbeitsgericht eine Urabstimmung annulliert, ist es erforderlich, den Weg einer neuen Urabstimmung zu beschreiten.

---

41 ***Tankut Centel***, Yasal Greve Müdahale ve Grev Oylaması, TİSK Akademi, 2014/1, S. 8 ff; ***Fevzi Demir***, Grev Oylamasının Önemi ve Uygulaması, Sicil İş Hukuku Dergisi, Haziran 2011, S. 121 ff.

42 Toplu İş Sözleşmesi Yetki Tespiti ile Grev Oylaması Hakkında Yönetmelik, RG. 11.10.2013, No.28792.

43 Art. 61. Abs. 2 näheres insbesondere *siehe* ***Can Tuncay/ Burcu Savaş Kutsal***, Toplu İş Hukuku, 4.bası, Beta İstanbul, 2015, S. 383.

Sollte nach der Urabstimmung beschlossen werden, dass nicht gestreikt wird, bestehen nur noch zwei Möglichkeiten. Entweder kommt es zu einem Übereinkommen mit der Gegenseite, was allerdings binnen sechs Tagen zu erfolgen hat, oder die Gewerkschaft muss sich binnen sechs Arbeitstagen an die Oberste Schlichtungskommission wenden. Der Beschluss der Obersten Schlichtungskommission ist bindend.

5. Suspendierung eines rechtmäßigen Streikes

Die sehr ausführlichen Gesetzesbestimmungen müssten Anlass dazu geben, der Ansicht zu sein, dass keine Probleme mehr hinsichtlich des Streikrechts bestehen und das System reibungslos funktioniert. Die Realität sieht jedoch anders aus.[44]

Ein Streikbeschluss oder ein bereits begonnener rechtmäßiger Streik kann, wenn dieser die allgemeine Gesundheit oder die nationale Sicherheit beeinträchtigt, durch den Ministerrat für 60 Tage laut Art. 63 des GTvG verschoben werden[45].

Mit Inkrafttreten des Ministerratsbeschlusses, d. h. der Veröffentlichung im Amtsblatt, ist ein Schlichter zu beauftragen, der binnen der 60-tägigen Frist versucht, mit allen Möglichkeiten den Streit zu beseitigen. Der Arbeits- und Sozialminister kann sich entweder persönlich als Schlichter beauftragen oder eine Person nach seinem Wunsch mit dieser Aufgabe betrauen[46].

Wenn sich die Parteien nach Ablauf der 60-tägigen Frist nicht auf einen Tarifvertrag einigen können, so ist binnen sechs Arbeitstagen auf Antrag einer der Parteien der Oberste Schiedsrichterausschuss *(Yüksek Hakem Kurulu)* einzuschalten. Sollte man diesen Weg nicht einschlagen, so würde die Gewerkschaft laut Gesetzesvorschrift ihre Tariffähigkeit verlieren.

Sollte in diesem Fall die Streitigkeit durch den Obersten Schiedsrichterausschuss beseitigt werden, ist somit der Tarifvertrag von dieser öffentlichen Behörde verfasst worden. Ob man dann dennoch diesen Text als Tarifvertrag ansehen kann, ist ein Thema über das man diskutieren sollte.[47]

---

44 *Siehe, **Ulucan***, S. 276.

45 *Siehe **Aziz Çelik***, Milli Güvenlik Gerekçeli Grev Ertelemeleri, Çalışma ve Toplum, 2008/3, S. 87-132.

46 Art. 63 Abs. 1 des GTvG.

47 *Siehe,* Fn. 24 sowie ***Ulucan.***, S. 282 ff.

Hier ist allerdings zu betonen, dass diesbezügliche Entscheidungen aus früheren Jahren uns eindeutig zeigen, dass derartige Beschlüsse aus politischen Gründen gefasst worden sind. Die Regierung hat dieses Instrument zuletzt in der Metall-Branche eingesetzt. Am 29. Januar 2015 hat die Metall-Gewerkschaft Birleşik Metall, eine der drei größten Gewerkschaften, die in der Metallbranche tätig sind, zum Streik aufgerufen, da die Verhandlungen mit dem Arbeitgeberverband Mess gescheitert waren. Die beiden anderen tarifmächtigen Gewerkschaften Türk Metal und Öz Çelik İş hatten bereits zuvor einen Tarifvertrag mit dem Arbeitgeberverband ausgehandelt. Beim Streik, der mitgliederzahlmäßig drittgrößten tarifmächtigen Birleşik Metal, waren 15.000 Arbeitnehmer beteiligt und 22 Fabriken betroffen, unter denen sich auch international tätige Konzerne, wie Schneider, Alstrom, ABB Isuzu und weitere befanden[48]. Am 30. Januar 2015 hat die Regierung allerdings von Art. 63 GTvG Gebrauch gemacht und diesen Streik mit der Begründung, dass er die nationale Sicherheit bedrohe, suspendiert, also praktisch verboten. Dieses Handeln der Regierung wurde teils von der Lehre sowie auch von internationalen Arbeitnehmerorganisationen heftig kritisiert. Nicht wenige ausländische sowie internationale Organisationen hatten zur Solidarität aufgerufen.

Anzumerken ist gleichwohl, dass die Regierung auch im Jahr 2014 von diesem Instrument Gebrauch gemacht hat und verschiedene Streiks im Bergbau und der Glasindustrie verschoben, d. h. in der Praxis verboten hat. Auch in den Vorjahren sehen wir, dass die Regierung dazu geneigt war, verschiedene Streiks mit der Begründung, dass diese der nationalen Sicherheit oder der allgemeinen Gesundheit schaden, verschoben hat[49].

Ergänzend wird durch Art. 72 des GTvG sowie Art. 54 der Verfassung bestimmt, dass ein bereits begonnener Streik durch Gerichtsbeschluss, auf Antrag des Ministeriums für Arbeit und soziale Sicherheit oder einer der Parteien, mit der Begründung, dass der Streik gegen den guten Willen ge-

48 Mitgliederzahlen und Organisationsgrat der Gewerkschaften können abgerufen werden unter http://www.csgb.gov.tr/csgbPortal/ShowProperty/WLP%20Repository/csgb/dosyalar/istatistikler/2015_isciuyesayi.

49 Näheres *siehe* ***Aziz Çelik***, Grevsiz Yürüdük Biz Bu Yollarda, Yurt Gazetesi, 2 Mart 2015, abzurufen unter http://www.yurtgazetesi.com.tr/serbest-kursu/grevsiz-yuruduk-biz-bu-yollarda-h71201.html.

führt und somit dem Allgemeinwohl oder dem nationalen Vermögen schadet, ausgesetzt werden kann[50].

Diese Bestimmung hat zu Folge, dass, wenn das Ministerium oder der Arbeitgeber – da ja wohl kaum die Gewerkschaft den Antrag stellen wird – einen bereits begonnenen und somit auch rechtmäßigen Streik dennoch aussetzen möchte, sie sich mit dem Ziel den Streik auszusetzen, an das Gericht wenden und behaupten können, dass dieser Arbeitskampf gegen den guten Willen verstößt und der Gesellschaft oder dem nationalen Vermögen schadet[51] Hier muss allerdings betont werden, dass diese Regelung in der Lehre heftig umstritten ist[52]. Sollte das Gericht den Beschluss fassen, dass der Streik auszusetzen ist und wird dieser dennoch weitergeführt, ist dieser Arbeitskampf als illegal einzustufen und es sind die Konsequenzen, die der Gesetzgeber für einen rechtswidrigen Streik bestimmt hat, durchzusetzen[53].

6. Die Folgen von Streik und Aussperrung

Im Folgenden werden, aus Platzgründen ohne spezifische Bereiche aufzugreifen, generell die Folgen von rechtmäßigen sowie rechtswidrigen Streiks und Aussperrungen dargestellt.

a) Die Folgen des rechtmäßigen Streiks und der Aussperrung

Die Hauptpflichten des Arbeitnehmers, die aus dem Arbeitsvertrag hervorgehen, bleiben während eines rechtmäßigen Streiks suspendiert, d. h. der Arbeitnehmer ist während der Dauer des Streikes nicht verpflichtet seiner Arbeit nachzugehen[54]. Infolgedessen ist es auch dem Arbeitgeber untersagt, den Arbeitsvertrag eines streikenden Arbeitnehmers zu kündigen. Der Gesetzgeber hat auch weiterhin im Gesetz verankert, dass der Arbeits-

---

50 Näheres sie insbesondere bei ***Murat Kandemir***, Grev Hakkının Kötüye Kullanılması, Legal İşHSGHD, 2007/15, S. 981 ff.

51 *Siehe,* ***Ulucan***, Fn. 38, S. 277.

52 Näheres *siehe* ***Tuncay/Kutsal***, S. 410 ff.

53 ***Tuncay/Kutsal***, S. 412.

54 Art. 67 Abs. 1 des GTvG.

vertrag vom Arbeitgeber nicht wegen der Förderung eines rechtmäßigen Streikes bzw. einer Anstiftung zu diesem gekündigt werden kann[55].

Weiterhin können auch Arbeitnehmer, welche nicht am Streik beteiligt sind oder am Anfang beteiligt waren und später von ihrer Entscheidung zurückgetreten sind, die allerdings auf Beschluss des Arbeitgebers während des andauernden Streikes nicht beschäftigt werden, nicht gekündigt werden[56].

Laut Art. 67 Abs. 3 GTvG hat der Arbeitgeber während des Streiks den Arbeitnehmern keinen Lohn zu zahlen und auch keine sozialen Hilfen, die aus dem Arbeits- bzw. Tarifvertrag hervorgehen, zu leisten. Die Zeit, die ein Streik andauert, ist ebenfalls nicht bei der Dienstalterentschädigung, die der österreichischen Abfertigung gleichzustellen ist, zu berücksichtigen. Es ist in diesem Zusammenhang auch nicht möglich im Arbeits- oder Tarifvertrag abweichende Bestimmungen aufzunehmen.[57] Um die Gesundheit der streikenden Arbeitnehmer nicht zu gefährden, ist geregelt, dass sie während eines andauernden Arbeitskampfes, d. h. Streik und Aussperrung, weiterhin Leistungen aus der Sozialversicherung sowie von der allgemeinen Krankenversicherung beziehen können.[58]

Streikenden Arbeitnehmern ist es laut Gesetz untersagt während eines rechtmäßigen Streiks einer anderen Arbeit nachzugehen. Dies gilt insbesondere bei Vollzeitbeschäftigten. Sollte es dennoch der Fall sein, steht dem Arbeitgeber das Recht zu, den Arbeitsvertrag fristlos zu kündigen. Wenn es sich um eine Teilzeitbeschäftigung handelt, kann der Arbeitnehmer allerdings, sofern er insgesamt die wöchentliche Höchstarbeitszeitgrenze nicht überschreitet, bei einem weiteren Arbeitgeber beschäftigt werden, Das bedeutet, dass die Arbeitszeit beim bestreikten Arbeitgeber bei der Berechnung der maximalen Arbeitszeitgrenze zu beachten ist.[59]

Mit dem Streik gilt zwar der Arbeitsvertrag als suspendiert und der Arbeitgeber hat infolgedessen auch keinen Lohn zu zahlen, jedoch hat der Gesetzgeber bestimmt, dass der Arbeitgeber verpflichtet ist, die Löhne und Zuschläge, die sich Arbeitnehmer vor Beginn des Streiks erarbeitet haben, am Zahlungstag auszuzahlen.[60]

---

55 Art. 66 Abs. 2 des GTvG.
56 Art. 67 Abs. 1 des GTvG.
57 Art. 67 Abs. 3 des GTvG .
58 Art. 66 Abs. 3 des GTvG.
59 Art. 68. Abs. 3 des GTvG.
60 Art. 67 Abs. 2 des GTvG.

Dem Arbeitgeber ist es zudem untersagt, weder dauerhaft noch vorübergehend anstelle der Streikenden, neue Arbeitnehmer einzustellen und auch keine anderen Personen zu beschäftigen.[61] Dies gilt insbesondere bei Leiharbeitsverhältnissen. Das Arbeitsgesetz untersagt, dass in bestreikten Betrieben bzw. Unternehmen Leiharbeitnehmer beschäftigt werden können.[62] Dagegen bleibt die Möglichkeit vorbehalten, neue Arbeitnehmer einzustellen, die nicht an einem Streik teilnehmen dürfen und nicht von einer Aussperrung betroffen sein können, deren Arbeitsverträge aus berechtigtem Grund aufgehoben worden sind.[63]

Sollte ein Arbeitgeber seinen Arbeitnehmern eine Unterkunft zur Verfügung gestellt haben, auch wenn dies im Unterschied zu früher heute keine weit verbreitete Praxis mehr ist, kann er von streikenden Arbeitnehmern nicht verlangen auszuziehen.[64] Im alten Gesetz war noch eine Maximalfrist von 90 Tagen, ab Beginn der Durchführung des Streikes, festgesetzt[65], nach deren Ablauf der Arbeitgeber von Arbeitnehmern verlangen konnte auszuziehen. Wie bei einem rechtmäßigen Streik, so gilt auch bei einer rechtmäßigen Aussperrung der Arbeitsvertrag als suspendiert und die Parteien müssen ihren Pflichten aus dem Arbeitsvertrag nicht nachkommen. Dem Arbeitgeber ist es, wie es auch bei einem rechtmäßigen Streik der Fall ist, nicht gestattet während einer Aussperrung anstelle der Ausgesperrten, andere Arbeitnehmer dauerhaft oder vorübergehend zu beschäftigen. Den Arbeitnehmern ist es ebenfalls untersagt während einer rechtmäßigen Aussperrung bei einem anderen Arbeitgeber einer Arbeit nachzugehen. Für Teilzeitbeschäftigte gilt dieselbe Regelung wie bei einem rechtmäßigen Streik.

---

61 Art. 68 Abs. 2 des GTvG.

62 Art. 7 Abs. 6 des Arbeitsgesetzes, ausführlich *siehe* ***Alpay Hekimler***, Arbeitszeitrecht und Arbeitszeit Flexibilisierungsinstrumente in der Türkei, in Arbeitszeiten in Europa *(Hrsg. Thomas Geisser/Roland Müller)*, Zürich/St. Gallen, 2016, S. 259 ff.

63 Art. 68 Abs. 2 des GTvG.

64 Art. 69 Abs. 1 des GTvG.

65 *Siehe,* ***Nüvit Gerek***, 6356 Sayılı Kanunun Grev ve Lokavt Konusunda Öngördüğü Değişiklikler, TÜHİS İş Hukuku ve İktisat Dergisi, Mayıs-Ağustos-Kasım 2013, 14 (1-14).

b) Die Folgen des rechtswidrigen Streiks und der Aussperrung

Die Folgen eines rechtswidrigen Arbeitskampfes, also Streik sowie Aussperrung, sind gesondert im Gesetz in Art. 70 GTvG geregelt. Dem Arbeitgeber steht es zu, den Arbeitsvertrag von Arbeitnehmern, die sich an der Beschlussfassung des rechtswidrigen Streiks beteiligt haben oder diesen Streik gefördert bzw. durchgeführt haben, fristlos zu kündigen.

Für den Schaden, der aufgrund des rechtswidrigen Streikes beim Arbeitgeber entstanden ist, haftet die Gewerkschaft. Sollte diese Aktion nicht von einer Arbeitnehmerorganisation durchgeführt worden sein, so haften für den Schaden die beteiligten Arbeitnehmer[66].

Im Falle, dass der Arbeitgeber eine rechtswidrige Aussperrung durchführt, können die Arbeitnehmer ihren Arbeitsvertrag fristlos kündigen und ihre gesamten Ansprüche geltend machen. Der Arbeitgeber ist infolge einer rechtswidrigen Aussperrung verpflichtet, während der Dauer der Aussperrung sämtliche aus dem Arbeitsvertrag resultierenden Ansprüche der Arbeitnehmer, ohne dafür die Gegenleistung einer Arbeit zu erhalten, zu zahlen und die dadurch erlittenen Verluste zu ersetzen[67].

Ein rechtswidriger Streik oder Aussperrung stellt gleichzeitig eine Straftat dar. Die sich auf sie beziehenden Strafen sind in Art. 70 GTvG aufgeführt. Dabei handelt es sich um Geldstrafen. In diesem Rahmen muss allerdings erwähnt werden, dass im alten Gesetz nicht nur Geldstrafen, sondern auch eine Freiheitsstrafe von drei bis sechs Monaten vorgesehen waren.[68] Dass die Freiheitsstrafen aufgehoben wurden, kann man nur positiv beurteilen.

V. Fazit und Ausblick

Die Zahl der Arbeitskämpfe ist im Verlauf der letzten Jahre bedingt durch verschiedene Faktoren europaweit zurückgegangen. Dieses Bild zeichnet sich auch in der Türkei nicht anders, was auch eindeutig an den Statistiken

---

66 Ausführlich *siehe* ***Hande Gül Küçükkaya***, Kanun Dışı Grev, Legal İşHSGHD, 44/2014, S. 28 f. (21-35).

67 Art. 70 Abs. .3

68 *Siehe* Art. 70 des außer Kraft getretenen Tarifvertrags-, Streik- und Aussperrungsgesetzes von 1983.

des Ministeriums für Arbeit und soziale Sicherheit abzulesen ist.[69] Die Zahlen für 2015 liegen uns noch nicht vor, jedoch fanden im Jahr 2014 insgesamt zwölf Streiks statt (davon elf im privaten Sektor), bei denen 110 Betriebe bestreikt worden sind und sich 6.880 Arbeitnehmer an diesen Arbeitskämpfen beteiligt haben. Ein Jahr zuvor fanden dagegen 19 Streiks statt (davon 17 im privaten Sektor), bei denen 16.632 Arbeitnehmer 198 Betriebe bestreikten. Auch in den Vorjahren zeichnete sich kaum ein anderes Bild ab.

Das Recht zu streiken ist heute zwar in der Türkei verfassungsmäßig garantiert, jedoch wird dieses Grundrecht durch das neue Gesetz (wie auch zuvor) weiterhin vom Staat eingeschränkt. Dieses System führt dazu, dass in der Praxis die Arbeitskampfmittel selten eingesetzt werden können, was auch die Zahlen belegen. Es steht wohl anhand der dargestellten Situation kaum außer Frage, dass das Arbeitskampfrecht in der Türkei überarbeitet werden muss, um den internationalen Standards gerecht zu werden. Ansonsten wird dieses Recht eher seinen symbolischen Charakter beibehalten.

Literatur

Alpagut, Gülsevil, 6356 Sayılı Kanunun Avrupa Konseyi, AB ve İLO Normların Uyumu Açısından Değerlendirilmesi, İş Hukukunun Güncel Sorunları Semineri, Istanbul 2012, S. 113-129

Alpagut, Gülsevil, 6356 Sayılı Yasanın Toplu İş Sözleşmesi ve Toplu İş Uyuşmazlıklarına İlişkin Hükümlerinin Değerlendirilmesi, Legal İşHSGHD, 2012/35, S. 25-37.

Caniklioğlu, Nursen, 6356 Sayılı Kanuna Göre Grev Yasakları ve Grevin Ertelenmesi, Çalışma ve Toplum Dergisi, 2013, s.4-22

Centel, Tankut, Yasal Greve Müdahale ve Grev Oylaması, TİSK Akademi, 2014/1, S. 8-25

Centel, Tankut, Sendikalar ve Toplu İş Sözleşmesi Kanunu İlgili Yönetmelikler, Mess, Istanbul 2014

Centel, Tankut, Sendikalar ve Toplu İş Sözleşmesi Kanunu, Mess, Istanbul 2014

Çelik, Aziz, Grevsiz Yürüdük Biz Bu Yollarda, Yurt Gazetesi, 2 Mart 2015

Çelik, Aziz, Milli Güvenlik Gerekçeli Grev Ertelemeleri, Çalışma ve Toplum, 2008/3, S. 87-132

---

69 http://www.csgb.gov.tr/csgbPortal/ShowProperty/WLP%20Repository/csgb/istatistikler/1984_2012_grev, abgerufen am 05.04.2015.

Çifter, Algun, Yasadışı Grev ve Sonuçları, Toker Dereli'ye Armağan, İstanbul, 2006, S. 469-484

Demir, Fevzi, Grev Oylamasının Önemi ve Uygulaması, Sicil İş Hukuku Dergisi, Haziran 2011, S. 121- 134

Demir, Fevzi, Atatürk Dönemi Çalışma Hayatımız, Nusret Ekin'e Armağan, Tühis, Ankara 2000, S. 793-815

Dereli, Toker, 6356 Sayılı Sendikalar ve Toplu İş Sözleşmesi Kanunu: Genel Bir Değerlendirme, Çalışma ve Toplum, 2013/1, S. 24-36

Ergin, Berin, Osmanlı İmparatorluğu'ndan Türkiye Cumhuriyeti'ne Emeğin Serüveni, TİSK Akademi, C:2 II/2007, S. 6-55

Gerek, Nüvit, 6356 Sayılı Kanunun Grev ve Lokavt Konusunda Öngördüğü Değişiklikler, TÜHİS İş Hukuku ve İktisat Dergisi, Mayıs-Ağustos-Kasım 2013, S. 1-14

Gülmez, Mesut, Türkiye'de Çalışma İlişkiler – 1936 Öncesi, TODAİE, Ankara, 1983

Hekimler, Alpay, Arbeitszeitrecht und Arbeitszeit Flexibilisierungsinstrumente in der Türkei, in Arbeitszeiten in Europa *(Hrsg. Thomas Geisser/Roland Müller)*, Zürich/St. Gallenern, 2016, S. 259-281

Hekimler Alpay, Tarifvertragssytem in der Türkei, in Tarifrecht in Europa *(Hrsg. Alpay Hekimler/Gerhard Ring)*, , Baden Baden 2012, S. 367-391.

Hekimler, Alpay/ Akpınar, Teoman, Son Değişiklikler ile İş Kanunları, Ekin, Bursa, 2015.

Hekimle,r Alpay/ Ring Gerhard, Tarifrecht in Europa, Baden Baden 2012

Hekimler Uçkan Banu, Anayasa Mahkemesinin Sendikal Haklara İlişkin İptal Kararlarının Genel Bir Değerlendirmesi, Çalışma ve Toplum Dergisi, 2015/4, S. 11-34.

***Hekimler, Uçkan Banu** (Hrsg.)*, Sendikacılık, 3. Baskı, Andolu Üniversitesi Yayınları, Eskişehir, 2014

Kandemir, Murat, Grev Hakkının Kötüye Kullanılması, Legal İşHSGHD, 2007/15, S. 981-998.

Kaya, Pir Ali, Anayasa Mahkemesinin 6356 Sayılı Sendikalar ve Toplu İş Sözleşmesi Kanunu'nun Bazı Hükümlerinin İptaline İlişkin 22 Ekim 2014 Tarihli Kararının Sendika Özgürlüğü Açısından Değerlendirilmesi, Karatahta İş Yazıları Dergisi, Sayı:1 Nisan 2015, S. 217-230

Kutal, Metin, İnsan Haklarına İlişkin Uluslararası Çalışma Sözleşmeleri Işığında Türk Hukukunda Örgütlenme ve Toplu Pazarlık Hakları, Sicil İş Hukuku Dergisi, Mart, 2013, S. 135-141

Kutal, Metin, Toplu İş Hukuku Açısından T.C. Anayasasında Yapılan Son Değişiklikler (2010), in FS: Sarper Süzek'e Armağan, Beta, Istanbul, 2011, S. 1588-1596

Küçükkaya, Hande Gül, Kanun Dışı Grev, Legal İşHSGHD, 44/2014, S. 21-35

Tokol, Aysen, Türk Endüstri İlişkiler Sistemi, 4.baslkı, Dora Yayınları, Bursa 2015

Tokol, Aysen, Türkiye'de Sendikal Hareket, Ezgi Yayınları, Bursa 1994

Mahiroğlları, Adnan, Cumhuriyetten Günümüze - Türkiye'de İşçi Sendikacılığı, Kitapevi, Istanbul 200.

Makal, Ahmet, Osmanlı İmparatorluğunda Çalışma İlişkileri: 1850-1920, Ankara 1997

Narmanlıoğlu, Ünal, Iş Hukuku II Toplu İş İlişkileri, Beta, Istanbul 2013

Narmanlıoğlu, Ünal, Kanun Dışı Grevin Grevle İlgili İşçilerin İş İlişkilerine Etkileri, Kemal Oğuzman'a Armağan, Ankara 1997, S. 299-338.

Sur, Melda, İş Hukuku Toplu İlişkiler, Ankara 2011

Tuncay, Can/Kutsal, Burcu Savaş, Toplu İş Hukuku, 4.bası, Beta Istanbul 2015.

Uçkan, Banu, "Two Steps Forward, One Step Back, or Vice Versa: The New Legal Framework of Collective Labour Relations in Turkey", Transfer, Vol: 19, No:4, November 2013

Uçkan, Banu, Türk Sendikacılığına Genel Bir Bakış ve Sendikalararası Rekabet, AB – Türkiye & Endüstri İlişkileri, *(Ed. Alpay Hekimler)*, Beta, Istanbul 2004, S. 239-288.

Uçkan, Banu, Türkiye'de Sendikalararası Rekabet, Selüloz-İş Yayınları, Istanbul, 2002

Ulucan, Devrim, Kanuni Grev Kararı ve Sonuçları, Çalışma ve Toplum Dergisi, 2013/4, S. 275-287

Zugangsmöglichkeiten und -bedingungen zum deutschen Arbeitsmarkt für geflüchtete Menschen

Assessor iur. Steffen Vogel
Wissenschaftlicher Mitarbeiter am Lehrstuhl für Bürgerliches Recht, Deutsches und Europäisches Wirtschaftsrecht der TU Bergakademie Freiberg

I. Allgemeine Informationen

Aktuell sind ungefähr 60 Millionen Menschen weltweit auf der Flucht vor Krieg, Hunger und Verfolgung[1]. Dies ist die höchste Zahl an flüchtenden Menschen, die der UN- Flüchtlingsrat jemals verzeichnet hat. Die Mitgliedstaaten der Europäischen Union als demokratische Länder stehen damit vor der Herausforderung diesen Menschen Zuflucht und Schutz zu bieten, aber auch bestmöglich zu integrieren. Die Bundesrepublik Deutschland nimmt weltweit sowie innerhalb von Europa einen Schwerpunkt für diese Herausforderung ein. So verzeichnete Deutschland 2015 weltweit die höchste Zahl an Asylanträgen[2]. Auch entfiel 2015 die größte Anzahl gestellter Asylanträge in Europa auf Deutschland (38 %)[3].

Alleine im Jahre 2015 wurden ca. 1.091.894 Asylsuchende mit „EASY" (Erstverteilung von Asylbegehrenden) erfasst[4]. Zuständig für Asylanträge, einschließlich der Zuerkennung der Flüchtlingseigenschaft sowie der Gewährung subsidiären Schutzes ist das Bundesamt für Migration und Flüchtlinge (BAMF) gem. § 5 Abs. 1 Asylverfahrensgesetz. Laut dessen Berichtsjahr 2015 wurden von Januar bis Dezember 476.649 Asylanträge in Deutschland gestellt[5]. Diese Antragsflut scheint auch 2016 nicht abzureisen. Für den Zeitraum Januar bis März 2016 verzeichnet das BAMF be-

1 www.uno-fluechtlingshilfe.de/fluechtlinge/zahlen-fakten.html.
2 Bericht des Flüchtlingshilfswerks der Vereinten Nationen (UNHCR) 2015.
3 Eurostat Pressemitteilung 163/2015 vom 18.09.2015.
4 Bundesministerium des Inneren - Pressemitteilung 06.01.2016 - www.bmi.bund.de/SharedDocs/Pressemitteilungen/DE/2016/01/asylantraege-dezember-2015.html.
5 Bundesamt für Migration und Flüchtlinge – Asylgeschäftsstatistik 2015.

reits 181.404 Asylanträge[6]. Diese hohe Antragszahl liegt trotz dem Flüchtlingsabkommen zwischen der EU und der Türkei daran, dass im Oktober 2015 gerade einmal ca. 427.000 von den ca. 1.1 Millionen Asylsuchenden registriert wurden. Eine Asylantragsstellung jedoch erst nach der Registrierung möglich ist. Leicht zurückgegangen sind die Folgeasylanträge im Zeitraum Januar 2015 bis März 2016. Waren es im Januar 2015 noch 3363 Folgeanträge sind es im März 2016 lediglich 1660.

Entwicklung der monatlichen Asylantragszahlen seit Januar 2015

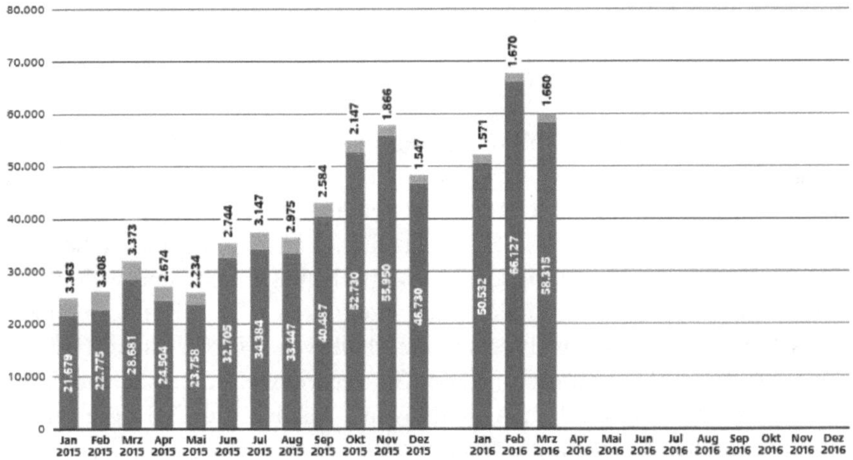

Quelle: Bundesamt für Migration und Flüchtlinge

Fast 2/3 der gestellten Asylerstanträge entfielen für den Zeitraum Januar bis März 2016 auf die Herkunftsländer Syrien, Irak und Afghanistan. Die hohen Zahlen an Asylanträgen sagen jedoch nur bedingt etwas über die Anerkennungsquoten von Asylanträgen aus diesen Ländern aus. Während Asylanträge aus den Ländern Syrien, Irak, Iran sowie Eritrea, je nach Einzelfall, hohe Anerkennungswahrscheinlichkeiten aufweisen. Ist ein Asylantrag aus dem Herkunftsland Afghanistan, aufgrund sicherer Gebiete, wiederrum je nach Einzelfall, kaum Anerkennungswahrscheinlich.

---

6 Bundesamt für Migration und Flüchtlinge - Asylgeschäftsstatistik 3/2016.

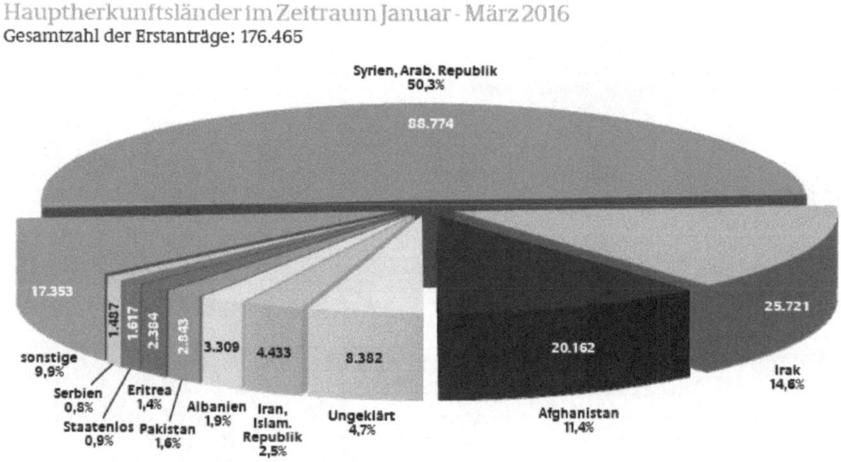

Quelle: Bundesamt für Migration und Flüchtlinge

Von den im Zeitraum Januar bis März gestellten Asylanträgen waren 71,9 % der Antragsteller jünger als 30 Jahre. Zudem werden etwa zwei Drittel aller Erstanträge von Männern gestellt. Gründe dafür sind die Beschwerlichkeiten und Unsicherheiten der Flucht die Männer eher auf sich nehmen. Auch wird von den Männern nach einer gewissen Zeit der Ehegatten- und Familiennachzug beabsichtigt. Von Interesse für den deutschen Arbeitsmarkt ist, dass ca. 50 % der gestellten Asylanträge in die Altersgruppen der 18 bis 35 jährigen gehören. Ferner geben 21 % der Antragsteller bei ihrer Anhörung im Rahmen des Asylverfahrens an, schon einmal eine Hochschule oder Universität besucht zu haben[7].

7 Charta der Vielfalt e.V., Flüchtlinge in den Arbeitsmarkt!, Praxis-Leitfaden für Unternehmen, S. 6.

Asylerstanträge nach Altersgruppen und Geschlecht im Zeitraum Januar - März 2016

Altersgruppen	Asylerstanträge insgesamt		Aufteilung der männlichen Antragsteller nach Altersgruppen		Aufteilung der weiblichen Antragsteller nach Altersgruppen		prozentualer Anteil männlicher Antragsteller innerhalb der Altersgruppen	prozentualer Anteil weiblicher Antragsteller innerhalb der Altersgruppen
bis unter 4 Jahre	15.433	8,7%	7.971	6,8%	7.462	12,5%	51,6%	48,4%
von 4 bis unter 6 Jahre	7.225	4,1%	3.829	3,3%	3.396	5,7%	53,0%	47,0%
von 6 bis unter 11 Jahre	15.592	8,8%	8.441	7,2%	7.151	12,0%	54,1%	45,9%
von 11 bis unter 16 Jahre	11.250	6,4%	6.458	5,5%	4.792	8,0%	57,4%	42,6%
von 16 bis unter 18 Jahre	4.745	2,7%	3.056	2,6%	1.689	2,8%	64,4%	35,6%
von 18 bis unter 25 Jahre	45.946	26,0%	35.492	30,4%	10.454	17,5%	77,2%	22,8%
von 25 bis unter 30 Jahre	26.641	15,1%	19.329	16,5%	7.312	12,3%	72,6%	27,4%
von 30 bis unter 35 Jahre	17.963	10,2%	12.270	10,5%	5.693	9,6%	68,3%	31,7%
von 35 bis unter 40 Jahre	11.945	6,8%	7.868	6,7%	4.077	6,8%	65,9%	34,1%
von 40 bis unter 45 Jahre	7.490	4,2%	4.849	4,1%	2.641	4,4%	64,7%	35,3%
von 45 bis unter 50 Jahre	5.246	3,0%	3.322	2,8%	1.924	3,2%	63,3%	36,7%
von 50 bis unter 55 Jahre	3.188	1,8%	1.916	1,6%	1.272	2,1%	60,1%	39,9%
von 55 bis unter 60 Jahre	1.827	1,0%	1.050	0,9%	777	1,3%	57,5%	42,5%
von 60 bis unter 65 Jahre	1.056	0,6%	583	0,5%	473	0,8%	55,2%	44,8%
65 Jahre und älter	918	0,5%	423	0,4%	495	0,8%	46,1%	53,9%
Insgesamt	**176.465**	**100,0%**	**116.857**	**100,0%**	**59.608**	**100,0%**	**66,2%**	**33,8%**

Im Zeitraum Januar – März 2016 waren 71,9 % der Asylerstantragsteller jünger als 30 Jahre. Zwei Drittel aller Erstanträge wurden von Männern gestellt.

Quelle: Bundesamt für Migration und Flüchtlinge

Andererseits kommt dem Zuzug hunderttausender Flüchtlinge vor dem Hintergrund des demographischen Wandels der deutschen Bevölkerung sowie dem massiven Fachkräftemangel eine gesamtgesellschaftliche Bedeutung zu. Insbesondere der demographische Wandel der deutschen Bevölkerung zieht gravierende Probleme für den deutschen Arbeitsmarkt aber auch für das gesamtdeutsche Sozialsystem nach sich. Laut Prognose des Statistischen Bundesamtes zur Bevölkerungsstatistik 2012 werden dem deutschen Arbeitsmarkt in den nächsten 10 Jahren, bei gleichbleibender Bevölkerungsentwicklung ca. 9 Millionen Arbeitskräfte fehlen[8]. Zu spüren ist diese dramatische Entwicklung bereits schon jetzt, so waren laut dem Berufsbildungsbericht 2015 im Ausbildungsjahr 2014/2015 ca. 37.100 betriebliche Ausbildungsstellen unbesetzt[9]. Weiterhin zeigt das Mittelstandsbarometer Januar 2016 der Wirtschaftsprüfungsgesellschaft

8 Statistisches Bundesamt, Bevölkerungsstatistik 2012.
9 Bundesamt für Bildung und Forschung – Berufsbildungsbericht 2015, S. 10.

Ernst & Young GmbH das 62 Prozent der deutschen Betriebe freie Stellen nicht mit Facharbeitern besetzen können[10].

Eine nachhaltige gesellschaftliche Integration von schutzsuchenden Menschen in Deutschland könnte eine, wenn auch nicht alleinige, Lösung dieses Problems sein.

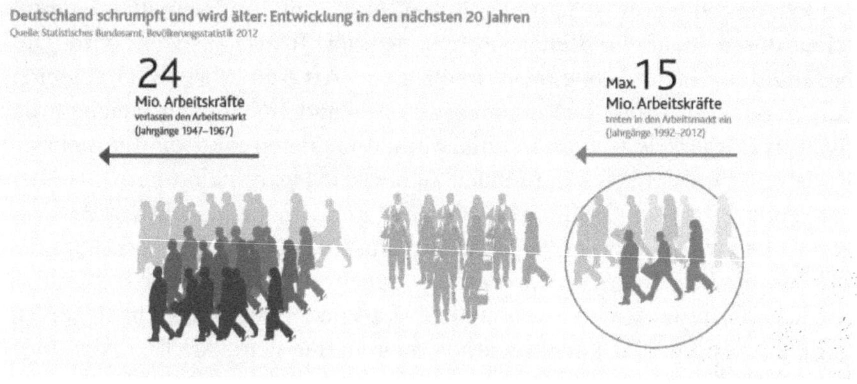

Quelle: Charta der Vielfalt e.V., Flüchtlinge in den Arbeitsmarkt!, Praxis-Leitfaden für Unternehmen S. 11

II. Arbeitsmarktzugang aufgrund Aufenthaltsstatus

Hinsichtlich der Zugangsvoraussetzungen zum deutschen Arbeitsmarkt für geflüchtete Menschen ist in zwei Personengruppen zu unterscheiden. Zum einen in Personen mit einer Aufenthaltserlaubnis. Zum anderen in Personen mit einer Aufenthaltsgestattung oder Duldung.

10 Ernst & Young GmbH Wirtschaftsprüfungsgesellschaft – Mittelstandsbarometer Jan. 2016, S. 16 f.

1. Personen mit einer Aufenthaltserlaubnis

a. Asylberechtigte gem. Art. 16a GG

Art. 16a GG ist ein verfassungsrechtliches Asylrecht nach dessen Absatz 1 politisch Verfolgte in Deutschland Asylrecht genießen[11]. Voraussetzung ist jedoch, dass die politische (=staatliche) Verfolgung im Heimatland, unmittelbar durch staatliche Stellen (Polizei, Militär, Justiz) ausgeübt wird. Dies bedeutet zugleich, dass ein Asylrecht gem. Art. 16a Abs. 1 GG ausscheiden muss, wenn man aus einem Herkunftsland flüchtet, in welchem der Staat in Bürgerkriegslagen in umkämpften Gebieten faktisch nur mehr die Rolle einer militärisch kämpfenden Bürgerkriegspartei einnimmt, als übergreifende effektive Ordnungsmacht aber nicht mehr besteht (in der Vergangenheit z.B. Libanon)[12]. Ebenfalls muss die politische Verfolgung an asylerhebliche Merkmale, also an die Zugehörigkeit zu einer bestimmten sozialen Gruppe, Rasse, Nationalität, Religion oder politische Überzeugung anknüpfen. Nach der Negativvoraussetzung gem. Art. 16a Abs. 2 GG kann Asylrecht nach dem Grundgesetz nicht beanspruchen, wer aus einem Mitgliedstaat der EG oder aus einem Drittstaat einreist, in dem die Genfer Flüchtlingskonvention gilt. Aufgrund der Negativvoraussetzung des Art. 16a Abs. 2 GG werden sich nur die wenigsten geflüchteten Menschen auf das verfassungsrechtliche Asylrecht berufen können, da dies bedeutet, dass Deutschland direkt mit dem Flugzeug oder dem Schiff und ohne vorherige anderweitige Einreise erlangt werden muss.

b. Flüchtling gem. § 3 AsylG

Nach § 3 AsylG, der seinen Ursprung in der Genfer Flüchtlingskonvention und der Eu- Anerkennungsrichtlinie 2004 (2011)[13] hat, gilt ein geflüchteter Mensch als Flüchtling i.S.v. § 3 AsylG, wenn er sich aus begründeter Furcht vor (individueller) Verfolgung wegen seiner Rasse, Religion, Nationalität, politischen Überzeugung oder Zugehörigkeit zu einer bestimmten sozialen Gruppe außerhalb des Landes (Herkunftsland) befindet, des-

11 Döring/ Langenfeld, in NJW 2016, S. 1 (2).

12 Möller, in Hoffman, Ausländerrecht, § 16 a GG, Rn. 10.

13 Anerkennungsrichtlinie 2004/83/EG v. 29.04.2004, mittlerweile abgelöst durch Richtlinie 2011/95/EU v. 13.12.2011, ABl. 2011 L 337, S. 9.

sen Staatsangehörigkeit er besitzt und dessen Schutz er nicht in Anspruch nehmen kann oder wegen dieser Furcht nicht in Anspruch nehmen will oder in dem er als Staatenloser seinen vorherigen gewöhnlichen Aufenthalt hatte und in das er nicht zurückkehren kann oder wegen dieser Furcht nicht zurückkehren will. § 3 AsylG gewährt daher auch geflüchteten Menschen die über einen sicheren Drittstaat einreisen Schutz[14]. Ferner ist die Flüchtlingsanerkennung gem. § 3 AsylG nicht davon abhängig, dass die Verfolgung durch staatliche Stellen erfolgt, soweit der Staat nicht Willens oder in der Lage ist, effektiven Schutz vor der Verfolgung zu gewähren. Dies ist gegenwärtig z.B. bei Menschen aus Syrien mit christlicher Glaubensrichtung der Fall, die vor dem Islamischen Staat (IS) fliehen. In der Praxis wird vom BAMF für jeden Fall individuell entschieden, ob ein Ausländer diese Eigenschaft zuerkannt bekommen kann. Dabei erfolgt die Zuerkennung der Flüchtlingseigenschaft auf der Grundlage einer objektiven Gefahreneinschätzung, bei der der Nachweis einer begründeten Furcht genügt. Damit wird die persönliche subjektive Wahrnehmung einer Gefährdungslage zu einem objektiven Kriterium erhoben, auf das sich die behördliche Entscheidung bezieht. Die Entscheidung beruht somit auf der Würdigung von objektiven Umständen in Wechselwirkung mit der persönlichen Wahrnehmung des Antragstellers. Die Würdigung unter Hinzuziehung der persönlichen Wahrnehmungssituation erfolgt unter Berücksichtigung der physischen und psychischen Konstitution des Antragstellers[15].

Rechtsfolge der Anerkennung als Asylberechtigter gem. Art. 16a GG bzw. als Flüchtling gem. § 3 AsylG ist eine auf zunächst 3 Jahre befristete Aufenthaltserlaubnis. Besteht die Verfolgungssituation fort, so kann die zuständige Aufenthaltsbehörde nach 5 Jahren die unbefristete Niederlassungserlaubnis gem. § 26 Abs. 3 AufenthG erteilen. Es besteht eine freie Wohnsitzwahl sowie Anspruch auf alle Sozialleistungen im Sinne der SGB- Grundsicherung und Integrationsansprüche (Sprachkurse, Arbeitsmarktintegration). Auch ist der Familiennachzug, infolge der Familienzusammenführungsrichtlinie[16], erleichtert.

---

14 Bergmann, in Bergmann/Dienelt, Ausländerrecht, § 3 AsylG, Rn. 5.

15 Kluth, in Kluth/Heusch, Ausländerrecht, § 3 AsylG, Rn. 9.

16 Familienzusammenführungsrichtlinie 2003/86/EG v. 22.9.2003, ABl. 2003 L 251, S. 12.

c. subsidiäre Schutzberechtigung gem. § 4 AsylG

Die subsidiäre Schutzberechtigung gem. § 4 AsylG ist neben dem flüchtlingsrechtlichen Primärschutz eine weitere Schutzkategorie und hat ihren Ursprung in der EU- Anerkennungsrichtlinie 29.04.2004[17]. Dabei stellt die subsidiäre Schutzberechtigung einen ergänzenden Schutz zur Flüchtlingseigenschaft dar, da der Flüchtlingsstatus nur bei individueller Ausgrenzung aus der Gesellschaft (u.a. wegen seiner Religion oder politischen Betätigung) erteilt werden kann. Nach § 4 Abs. 1 S. 2 AsylG ist ein Ausländer subsidiär Schutzberechtigter, wenn er stichhaltige Gründe für die Annahme vorgebracht hat, dass ihm in seinem Herkunftsland ein ernsthafter Schaden droht. Als ernsthafter Schaden gilt die Verhängung oder Vollstreckung der Todesstrafe, Folter oder unmenschliche oder erniedrigende Behandlung oder Bestrafung oder eine ernsthafte individuelle Bedrohung des Lebens oder der Unversehrtheit einer Zivilperson infolge willkürlicher Gewalt im Rahmen eines internationalen oder innerstaatlichen bewaffneten Konflikts.

d. Abschiebungsverbote gem. § 60 Abs. 5 und 7 AufenthG

Gemäß §§ 60 Abs. 5 und 7 AufenthG besteht ein für Ausländer ein humanitäres Abschiebeverbot aufgrund Zuständen im Heimatland. Nach § 60 Abs. 5 AufenthG ist die Abschiebung verboten, wenn bei der Rückkehr in das Heimatland ein Verstoß gegen die Europäische Menschenrechtskonvention (EMRK) droht. Besteht eine erhebliche und konkrete Gefahr für Leib, Leben und Freiheit soll gem. § 60 Abs. 7 AufenthG ebenfalls von der Abschiebung abgesehen werden. Eine konkrete erhebliche Gefahr könnte bspw. dann bestehen, wenn die eigentlich ausreisepflichtige Person an einer schweren Krankheit leidet die im Zielstaat, aufgrund fehlender technischer oder medizinischer Kenntnisse nicht angemessen behandelt werden kann und dadurch erhebliche gesundheitliche Gefahren drohen.

---

17 Richtlinie 2004/83/EG von 29.04.2004, mittlerweile abgelöst durch die Richtlinie 2011/95/EU des Europäischen Parlaments und des Rates vom 13. Dezember 2011 (ABl. 2011 L 337, 9) über Normen für die Anerkennung von Drittstaatsangehörigen oder Staatenlosen als Personen mit internationalem Schutz, für einen einheitlichen Status für Flüchtlinge oder für Personen mit Anrecht auf subsidiären Schutz und für den Inhalt des zu gewährenden Schutzes.

Rechtsfolge der Anerkennung als subsidiär Schutzberechtigter gem. § 4 AsylG bzw. Person mit Abschiebungsverbot gem. § 60 Abs. 5 und 7 AufenthG ist eine auf zunächst 1 Jahre befristete Aufenthaltserlaubnis. Besteht die Schutzberechtigungssituation fort, so kann die zuständige Aufenthaltsbehörde nach 5 Jahren die unbefristete Niederlassungserlaubnis gem. §§ 26 Abs. 4 i.V.m. 9 Abs. 2 S. 1 Nr. 1AufenthG erteilen.

Quelle: Bundesamt für Migration und Flüchtlinge

e. Arbeitsmarktzugang

Sowohl Asylberechtigte gem. Art. 16a GG, Flüchtling gem. § 3 AsylG, subsidiär Schutzberechtigte gem. § 4 AsylG, als auch Personen mit einem Abschiebungsverbot gem. § 60 Abs. 5 und 7 AufenthG erhalten als Aufenthaltstitel eine Aufenthaltserlaubnis. Mit der Aufenthaltserlaubnis ist eine uneingeschränkte und zustimmungsfreie Erwerbsmöglichkeit möglich. Den Personen mit Aufenthaltstitel ist es freigestellt, ob sie einer selbstständigen oder unselbstständigen Arbeit nachgehen[18].

2. Personen mit einer Aufenthaltsgestattung oder Duldung

Asylbewerber im Asylverfahren erhalten während der Zeit in der das BAMF über ihren Asylantrag entscheidet eine Aufenthaltsgestattung. Die Aufenthaltsgestattung besteht grundsätzlich auch, wenn das BAMF zwar den Asylantrag negativ beschieden hat, der Asylbewerber diesen Bescheid

18 Bundesamt für Migration und Flüchtlinge – Leitfaden für den Zugang zum Arbeitsmarkt für geflüchtete Menschen, S. 1.

aber mit Rechtsmittel vor dem Verwaltungsgericht angreift (vgl. § 75 Abs. 2 AsylG).

Weiterhin können Personen mit beendeten Asylverfahren bzw. mit negativem Bescheid aber Aussetzung der Abschiebung eine Duldung erhalten. Diese Duldung kann sowohl auf rechtlichen als auch auf tatsächlichen Gründen beruhen. Auf rechtlichen Gründen beruht die Duldung bspw. sofern die staatliche Identität des geflüchteten Menschen nicht geklärt werden kann. Auf tatsächlichen Gründen kann die Duldung bei unverschuldeter Passlosigkeit oder krankheitsbedingter Reiseunfähigkeit beruhen[19].

a. Voraussetzungen für den Zugang zum Arbeitsmarkt

Personen mit Aufenthaltsgestattung und Duldung steht der Zugang zum Arbeitsmarkt aufgrund weitestgehend identischer Voraussetzungen offen.

aa. Wartefristen

In den ersten 3 Monaten des Aufenthalts ist ein Zugang zum Arbeitsmarkt generell gem. § 61 Abs. 2 AsylG verwehrt. Verlängern kann sich dieses generelle Beschäftigungsverbot durch § 61 Abs. 1 AsylG, der einen Zugang zum Arbeitsmarkt in der Zeit der Wohnverpflichtung in einer Erstaufnahmeeinrichtung gem. § 47 Abs. 1 AsylG ausschließt. In Folge des Asylverfahrensbeschleunigungsgesetzes[20] kann nunmehr diese Wohnverpflichtung von vorher 3 Monaten auf höchstens 6 Monate ausgedehnt werden. Unsicherheiten bestehen jedoch in der Frage, ob die Stellung des Asylantrages oder die Äußerung des Asylgesuchs Anknüpfungspunkt für den Beginn etwaiger Fristen ist. Regelmäßig wird die Stellung des Asylgesuchs durch die „Bescheinigung über die Meldung als Asylsuchender" (BüMA/ nunmehr Ankunftsnachweis) gem. § 63a AsylG belegt. Zwar stellte die Bundesregierung in einer Auskunft im Bundestag klar, dass die Rechtswirkungen einer Aufenthaltsgestattung „grundsätzlich nicht erst mit der Stellung des Asylantrages, sondern bereits mit der Äußerung eines

19 Charta der Vielfalt – Flüchtlinge in den Arbeitsmarkt!, Praxisleitfaden für Unternehmen, S. 14.

20 Asylverfahrensbeschleunigungsgesetzes vom 20.10.2015, BGBl. 2015 I S. 1722.

Asylgesuchs" entstehen[21], das BAMF vertritt jedoch demgegenüber die Ansicht, dass es für Personen, die ohne Visum aus einem sicheren Drittstaat einreisen, gleichwohl auf die Stellung des förmlichen Asylantrages ankommt[22].

bb. Negativvoraussetzung: sicherer Herkunftsstaat

Seit Inkrafttreten des Asylverfahrensbeschleunigungsgesetzes sind sämtliche Staatsangehörige sicherer Herkunftsstaaten, die erfolglos nach dem 31.08.2015 einen Asylantrag gestellt haben vom Arbeitsmarkt ausgeschlossen[23]. Sichere Herkunftsstaaten sind gem. § 29a Abs. 2 AsylG i.V.m. Anlage II: alle Mitgliedstaaten der Europäischen Union sowie Albanien, Bosnien und Herzegowina, Ghana, Kosovo, Mazedonien, ehemalige jugoslawische Republik, Montenegro, Senegal und Serbien.

cc. Genehmigung der Ausländerbehörde

Zur Aufnahme einer Beschäftigung benötigen die Personen mit Duldung oder Aufenthaltsgestattung stets die Genehmigung der Ausländerbehörde die nach einer zeitlichen Abstufung vor der Erteilung die Zustimmung der Bundesagentur für Arbeit (BA) einholt. Das Zustimmungsverfahren der BA ist in § 39 Abs. 2 BeschV normiert und beinhaltet zumindest nach den ersten 3 bis 6 Monaten folgende 3 Prüfungen:

- In der sogenannten Arbeitsmarktprüfung wird die Beabsichtigte Beschäftigung dahin gehend geprüft, ob sie abstrakt nachteilige Auswirkungen auf den deutschen Arbeitsmarkt haben kann.
- Bei der sogenannten Vorrangprüfung dürfen keine bevorrechtigten Arbeitnehmer (EU, EWR, Schweiz sowie Ausländer die deutschen hin-

---

21 Auskunft der Bundesregierung auf die kleine Anfrage der Fraktion die Linke, BT-Drs. 18/4581 v. 10.04.2015, S. 3.

22 BAMF „Zugang zum Arbeitsmarkt für geflüchtete Menschen", Merkblatt vom Januar 2016, abrufbar unter www.bamf.de/FAQ-Arbeitsmarktzugang-gefluechtete-Menschen.

23 Bundesamt für Migration und Flüchtlinge – Leitfaden für den Zugang zum Arbeitsmarkt für geflüchtete Menschen, S. 3.

sichtlich der Arbeitsaufnahme gleichgestellt sind (Aufenthaltserlaubnis)) für die angestrebte Beschäftigung in Frage kommen[24].
- Die sogenannte Gleichwertigkeitsprüfung dient zur Ermittlung der Arbeitsbedingungen der geplanten Beschäftigung, die nicht ungünstiger sein dürfen, als dies bei vergleichbarer inländischer Beschäftigung der Fall wäre[25].

Gemäß § 36 Abs. 2 BeschV gilt die Zustimmung der BA als erteilt (Zustimmungsfiktion), wenn die BA nicht innerhalb von 2 Wochen nach der Anfrage der Ausländerbehörde gegenteiliges mitteilt.

Nach 15 Monaten des Aufenthaltes prüft die BA nur noch die sogenannte Gleichwertigkeits- und Arbeitsmarktprüfung. Es entfällt mithin gem. § 32 Abs. 5 Nr. 2 BeschV die Vorrangprüfung. Besteht der Aufenthalt 4 Jahre oder mehr entfällt die Zustimmungspflicht der BA gem. § 32 Abs. 3 und Abs. 4 BeschV komplett.

b. privilegierter Arbeitsmarktzugang

Ausnahmen vom Zustimmungserfordernis (insgesamt) der BA sind für bestimmte privilegierte Tätigkeiten vorgesehen:

- Hochqualifizierte, mit deutschem Hochschulabschluss und einer dem Abschluss entsprechenden Beschäftigung oder einen anerkannten oder vergleichbaren ausländischen Hochschulabschluss und einer dem Abschluss entsprechenden Beschäftigung mit einer Bruttojahresvergütung von mindestens 49.600 Euro § 32 Abs. 2 Nr. 3 i.V.m. § 2 Abs. 1 BeschV
- Führungskräfte eines Wirtschaftsbetriebs und bestimmte Wissenschaftler § 32 Abs. 2 Nr. 3 i.V.m. § 3 Nr. 1 bis 3 § 5 BeschV
- bestimmte Künstler, Sportler und Fotomodelle § 32 Abs. 2 Nr. 3 i.V.m. § 22 Nr. 1 bis 3, § 5 BeschV
- Beschäftigung von nahen Familienangehörigen und der Arbeitgeber mit ihnen in Hausgemeinschaft lebt § 32 Abs. 2 Nr. 4 BeschV

24 Planta, in NJW 2016, S. 18 (19).
25 v. Harbou, in NVwZ 2016, S. 421 (422).

Weiterhin entfällt zwar nicht das gesamte Zustimmungserfordernis der BA jedoch die so genannte Vorrangprüfung, die in der Praxis die bedeutendste Hürde darstellt, soweit:

- ein anerkannter oder vergleichbarer ausländische Hochschulabschluss in einem akademischen Mangelberuf vorliegt (Medizin, Natur- und Ingenieurwissenschaften, Mathematik, IT) und ein Jahresbruttogehalt von mindestens 38.688 Euro angestrebt wird, § 32 Abs. 5 Nr. 1 i.V.m. § 2 Abs. 2 BeschV
- eine mindestens zweijährige anerkannte Berufsausbildung in Deutschland und eine der Ausbildung entsprechende Beschäftigung aufgenommen wird, § 32 Abs. 5 Nr. 1 i.V.m. § 6 Abs. 1 BeschV
- eine abgeschlossene ausländische als gleichwertig anerkannten Berufsausbildung und entsprechende Beschäftigung in einem so genannten Mangelberuf (u.a. Krankenpflege) ausgeübt werden soll, § 32 Abs. 5 Nr. 1 i.V.m. § 6 Abs. 2 BeschV[26].

Durch Art. 1 der Verordnung zum Integrationsgesetz[27] wurde zudem auf die Vorrangprüfung gem. § 32 Abs. 5 Nr. 3 BeschV für einen Zeitraum von 3 Jahren verzichtet, wenn die Beschäftigung in einem Bezirk einer Agentur für Arbeit ausgeübt wird, in dem dies die regionale Arbeitsmarktsituation in dem einzelnen Bundesland zulässt. Die einzelnen Agenturbezirke sind einer Anlage zu § 32 BeschV zu entnehmen und gem. § 34 Abs. 1 Nr. 3 BeschV auf den Agenturbezirk, in dem die Beschäftigung ausgeübt werden darf, beschränkt. Durch die bestehende Verknüpfung zwischen dem Verzicht auf die Vorrangprüfung und dem Erlaubnisvorbehalt für das Tätigwerden als Leiharbeitnehmer, der gem. § 32 Abs. 3 BeschV nur in Fällen des § 32 Abs. 5 BeschV erfolgen darf, können Personen mit einer Duldung oder Aufenthaltsgestattung auch zu einer Tätigkeit als Leiharbeitnehmer zugelassen werden, sofern sich der Einsatzbetrieb in dem jeweiligen Agenturbezirk befindet[28].

26 vgl. www.arbeitsagentur.de/positivliste.

27 Verordnung zum Integrationsgesetz vom 31. Juli 2016, BGBl. I S. 1950.

28 Entwurf zur Integrationsverordnung vom 24.05.2016, S. 8.

c. Beschäftigungsverbote

Der Arbeitsmarktzugang für Personen mit einer Duldung steht diesen nur offen, wenn sie keinem Beschäftigungsverbot gem. § 60a Abs. 6 AufenthG unterliegen. Danach darf einem Ausländer die Ausübung einer Erwerbstätigkeit nicht erlaubt werden, sofern er sich in das Inland begeben hat, um Leistungen nach dem Asylbewerberleistungsgesetz zu erlangen (§ 60a Abs. 6 Nr. 1 AufenthG), aufenthaltsbeendende Maßnahmen bei ihm aus Gründen, die er selbst zu vertreten hat, nicht vollzogen werden können (§ 60a Abs. 6 Nr. 2 AufenthG) oder er Staatsangehöriger eines sicheren Herkunftsstaates nach § 29a des Asylgesetzes ist und sein nach dem 31.08.2015 gestellter Asylantrag abgelehnt wurde (§ 60a Abs. 6 Nr. 3 AufenthG).

Quelle: Bundesamt für Migration und Flüchtlinge

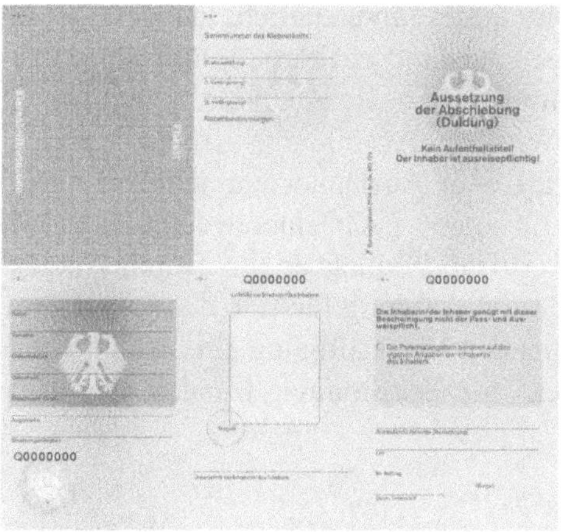

Quelle: Bundesamt für Migration und Flüchtlinge

III. Betriebliche Ausbildung

Generell kann eine staatlich anerkannte oder vergleichbar geregelte Ausbildung ohne Zustimmung der BA begonnenen werden. Erforderlich ist lediglich die Erlaubnis der Ausländerbehörde. Ein Ausbildungsverbot besteht nur während der 3 monatigen Wartefrist und der längstens für 6 Monate bestehenden Wohnverpflichtung in einer Erstaufnahmeeinrichtung (siehe oben). Zudem ist die Aufnahme einer Ausbildung für Personen mit einem Beschäftigungsverbot gem. § 60a Abs. 6 AufenthG untersagt.

Eine Besonderheit in Form der Ausbildungsduldung existiert infolge des durch das Integrationsgesetz neugefassten § 60a Abs. 2 S. 4 bis 6 AufenthG. Danach ist eine Duldung wegen dringender persönlicher Gründe im Sinne von § 60a Abs. 2 S. 3 AufenthG zu erteilen, wenn der Ausländer eine qualifizierte Berufsausbildung in einem staatlich anerkannten oder vergleichbar geregelten Ausbildungsberuf in Deutschland aufnimmt oder aufgenommen hat. Die zu erteilende Duldung bestimmt sich nach der im Ausbildungsvertrag festgelegten Dauer der Berufsausbildung. Eine Duldungserteilung hat zu unterbeleiben bzw. erlischt, sofern der Ausländer wegen einer vorsätzliche begangenen Straftat verurteilt wurde, wobei Geldstrafen von insgesamt bis zu 50 Tagessätzen oder bis zu 90 Tagessätzen wegen Straftaten, die nach dem Aufenthaltsgesetz oder dem Asylgesetz nur von Ausländern begangen werden können, grundsätzlich außer Betracht bleiben. Wird die Ausbildung nicht betrieben oder abgebrochen, ist der Ausbildungsbetrieb verpflichtet, dies unverzüglich, in der Regel innerhalb einer Woche, der zuständigen Ausländerbehörde schriftlich mitzuteilen. Weiterhin erlischt die Duldung, wenn die Ausbildung nicht mehr betrieben oder abgebrochen wird. Wird das Ausbildungsverhältnis vorzeitig beendigt oder abgebrochen, wird dem Ausländer einmalig eine Duldung für 6 Monate zum Zweck der Suche nach einer weiteren Ausbildungsstelle zur Aufnahme einer Berufsausbildung erteilt. Durch Neufassung des § 18a AufenthG kann nach der Duldung für eine der erworbenen beruflichen Qualifikation entsprechenden Beschäftigung eine Aufenthaltserlaubnis für die Dauer von 2 Jahren , mit Zustimmung Bundesagentur für Arbeit erteilt werden.

IV. Praktikum, Hospitation, Freiwilligendienst

1. Generelle Erlaubnisfreiheit

Generell erlaubnisfrei, d.h. weder die Zustimmung der BA, noch die Erlaubnis der Ausländerbehörde erforderlich, ist die Aufnahme eines Praktikums im Rahmen der allg. Schulpflicht sowie eine allgemeine Betriebshospitation.

2. Strittige Zustimmungspflicht der Ausländerbehörde aber Zustimmungsfreiheit der BA

Eine noch ungeklärte Lage hinsichtlich der Zustimmungspflicht der Ausländerbehörde aber eine bestehende Zustimmungsfreiheit der BA gem. § 32 Abs. 2 Nr. 3 i.V.m. § 14 Abs. 1 BeschV gelten für die Ableistung von Freiwilligendiensten, ehrenamtlichen Tätigkeiten und die Aufnahme unbezahlter Praktika[29].

---

29 v. Harbou, in NVwZ 2016, 421 (424).

3. Zustimmungspflicht der Ausländerbehörde aber Zustimmungsfreiheit der BA

Zwar besteht eine Zustimmungspflicht der Ausländerbehörde, jedoch keine Zustimmungspflicht der BA für Praktika im Rahmen eines von der Europäischen Union oder der bilateralen Entwicklungszusammenarbeit finanziell geförderten Programms gem. § 32 Abs. 2 Nr. 3 i.V.m. § 15 Nr. 2 BeschV. Ferner für ein maximal 3 monatiges Berufsorientierungspraktika von Personen ohne abgeschlossene Ausbildung § 32 Abs. 2 Nr. 1 BeschV i.V.m. § 22 Abs. 1 Nr. 2 MiLoG sowie ein Praktikum im Rahmen einer (schulischen) Berufsausbildung und Studiums § 32 Abs. 2 Nr. 1 BeschV i.V.m. § 22 Abs. 1 Nr. 1 und 3 MiLoG. Auch ist gem. § 32 Abs. 2 Nr. 1 BeschV i.V.m. § 22 Abs. 1 Nr. 2 MiLoG zur Erlangung von Einstiegsqualifizierungen gem. § 54a SGB III oder zur Berufsausbildungsvorbereitung nach §§ 68 bis 70 BBiG keine Zustimmung der BA notwendig.

V. Förderungsmöglichkeiten

1. Arbeitsmarktintegration

Durch das Asylverfahrensbeschleunigungsgesetz und einer damit einhergehenden befristeten Änderung des § 131 SGB III sind einige Maßnahmen zur Arbeitsförderung auch auf Asylbewerber innerhalb der Wartezeit des § 61 AsylG ausgedehnt wurden. Voraussetzung ist jedoch, dass bei diesen Asylbewerbern ein rechtmäßiger und dauerhafter Aufenthalt zu erwarten ist, was bei Asylbewerbern mit offensichtlich unbegründeten Asylantrag infolge Einreise aus einem sicheren Herkunftsland i.S.v. § 29a AsylG nicht der Fall ist. Instrumente zu Arbeitsmarktförderung sind in erster Linie gem. § 131 AufenthG i.V.m. § 35 ff. SGB III Vermittlungsleistungen sowie gem. § 131 AufenthG i.V.m. § 45 SGB III Maßnahmen zur Aktivierung und Eingliederung.

2. Sprachförderung

Die Sprachförderung wird in erster Linie durch Integrationskurse gewährleistet, zu denen seit dem Asylverfahrensbeschleunigungsgesetz durch den der § 44 Abs. 4 AufenthG neu gefasst wurde, nunmehr auch Aufenthaltsgestattete sowie Geduldete im Rahmen verfügbarer Kursplätze zur Teilnahme zugelassen werden. Dies gilt für Asylbewerber aber wiederrum nur, wenn ein rechtmäßiger und dauerhafter Aufenthalt zu erwarten ist, was bei Asylbewerbern mit offensichtlich unbegründeten Asylantrag infolge Einreise aus einem sicheren Herkunftsland i.S.v. § 29a AsylG nicht der Fall ist. Unter denselben Voraussetzungen können infolge des neugefassten § 44 Abs. 4 AufenthG auch Aufenthaltsgestattete sowie Geduldete berufsbezogene Sprachkurse gem. § 45a AufenthG, die noch bis Ende 2017 aus dem Europäischen Sozialfonds finanziert werden, besuchen.

VI. Integrationsgesetz

Das Integrationsgesetz ist nun seit 06.08.2016 Kraft getreten[30]. Unter dem Leitgedanke "Fördern und Fordern" soll das Integrationsgesetz vor allem dazu beitragen, durch mehr Angebote an Integrationskursen, Ausbildungs- und Arbeitsmöglichkeiten, die Integration der Flüchtlinge zu erleichtern. Gleichzeitig wurden dem Asylsuchenden aber auch Pflichten durch das Integrationsgesetz auferlegt. Nachfolgend sollen wesentliche Änderungen soweit auf sie oben noch nicht eingegangen wurde dargestellt werden.

1. Arbeitsmarktprogramm Flüchtlingsintegrationsmaßnahmen (FIM)

Durch das Integrationsgesetz wurde u.a. das Asylbewerberleistungsgesetz (AsylbLG) geändert. Nach dessen neu eingefügten § 5a Abs. 1 S. 1 AsylbLG können arbeitsfähige, nicht erwerbstätige Leistungsberechtigte, die das 18. Lebensjahr vollendet haben und nicht der Vollzeitschulpflicht unterliegen, von der zuständigen Behörde zu ihrer Aktivierung in Arbeitsgelegenheiten zugewiesen und verpflichtet werden, die im Rahmen des von der Bundesagentur für Arbeit durchgeführten Arbeitsmarktprogramms Flüchtlingsintegrationsmaßnahmen gegen Mehraufwandsentschädigung bereitgestellt werden. Sinn und Zweck dieser Flüchtlingsintegrationsmaßnahmen ist die sinnvolle und gemeinnützige Betätigung während des Asylverfahrens. Ausgeschlossen von diesem Arbeitsmarktprogramm sind

30 Integrationsgesetz vom 31.06.2016, in Kraft getreten am 06.08.2016, BGBl. I Nr. 39, S. 1939.

gem. § 5a Abs. 1 S. 2 AsylbLG Asylbewerber aus sicheren Herkunftsstaaten i.S.v. § 29a AsylG und vollziehbar Ausreisepflichtige.

2. *Steuerung des Integrationskurssystems*

Durch die Öffnung der Integrationskurse für Aufenthaltsgestattete sowie Geduldete mit guter Bleibeperspektive wurden im neugefassten § 7 Abs. 3 S. 2 IntV die Fristen, innerhalb derer Kurse zustande kommen von bisher 3 Monaten auf 6 Wochen verkürzt, um einen schnelleren Kursbeginn sicherzustellen. Zudem wird durch § 14 Abs. 2 S. 1 IntV (n.F.) zur Steigerung der Kapazitäten die Höchstteilnehmerzahl von 20 auf 25 Personen sowie gem. § 12 S. 1 InV (n.F.) die Unterrichtseinheiten von 60 auf 100 erhöht. Die Erhöhung der Unterrichtseinheiten soll vor allem der Wertevermittlung dienen. Ferner sind die Kursträger gem. § 20 Abs. 5 IntV (n.F.) zur Veröffentlichung ihres Kursangebots und freier Kursplätze verpflichtet. Die Teilnahmeberechtigung erlischt ab 01.07.2017 gem. § 4 Abs. 1 S. 3 IntV, wenn der Teilnahmeberechtigte 1 Jahr nach Anmeldung aus von ihm zu vertretenden Gründen mit dem Kurs nicht beginnt oder den Kurs länger als 1 Jahr unterbricht. Es sei denn, dies passiert aus von der Teilnehmerin oder vom Teilnehmer nicht zu vertretenden Gründen. Damit wird zum einen ein Anreiz geschaffen, den Kurs schnell und zusammenhängend zu absolvieren. Zum anderen ermöglicht diese Regelung dem BAMF einen besseren Überblick über die aktiven Teilnehmerinnen und Teilnehmer und damit eine bessere Steuerung des Kursbedarfs.

3. *Wohnsitzregelung*

Durch Änderung des Aufenthaltsgesetzes wurde im neugefassten § 12a AufenthG eine Wohnsitzregelung aufgenommen die zur Förderung einer nachhaltigen Integration den Ausländer, der als Asylberechtigter, Flüchtling oder subsidiär Schutzberechtigter anerkannt worden ist, verpflichtet, für den Zeitraum von 3 Jahren ab Anerkennung oder Erteilung der Aufenthaltserlaubnis in dem Land seinen gewöhnlichen Aufenthalt (Wohnsitz) zu nehmen, in das er zur Durchführung seines Asylverfahrens oder im Rahmen seines Aufnahmeverfahrens zugewiesen worden ist.

4. Staffelung der Kriterien zum Daueraufenthaltsrecht

Durch das Integrationsgesetz wurde § 26 Abs. 3 AufenthG geändert und enthält nunmehr gestaffelte Kriterien zur Erteilung des Daueraufenthaltsrechts. Danach sollen Asylberechtigte gem. Art. 16a GG und Flüchtlinge gem. § 3 AsylG bereits nach 3 Jahren eine Niederlassungserlaubnis bekommen, wenn sie die deutsche Sprache beherrschen (Sprachniveau C1) und ihren Lebensunterhalt weit überwiegend sichern. Nach 5 Jahren erhalten Asylberechtigte und Flüchtlinge eine Niederlassungserlaubnis, wenn sie es schaffen, neben weiteren Kriterien hinreichende deutsche Sprachkenntnisse (Sprachniveau A2) vor zu weisen und ihren Lebensunterhalt überwiegend sichern. In bestimmten Härtefällen kann aber von diesen Voraussetzungen abgesehen werden.

5. Sonderregelungen für die Ausbildungsförderung von Asylsuchenden und Geduldeten

Infolge des durch das Integrationsgesetz neugefassten § 132 SGB II erhalten Asylsuchende bei denen ein rechtmäßiger und dauerhafter Aufenthalt zu erwarten ist Sozialleistungen nach §§ 51 (berufsvorbereitende Bildungsmaßnahmen), 75 (ausbildungsbekleidende Hilfen, z.B. sozialpädagogischen Begleitung) und 130 SGB III (assistierte Ausbildung, z.B. Abbau von Sprach- und Bildungsdefiziten), wenn ihr Aufenthalt seit mindestens 3 Monaten gestattet ist. Ist ihr Aufenthalt seit 15 Monaten gestattet erhalten sie zusätzliche einen Anspruch auf Berufsausbildungsbeihilfe nach § 56 SGB III und Ausbildungsgeld gem. § 122 SGB III. Für geduldete Ausländer bestehen die Sonderregelungen nach den §§ 75 und 130 SGB III ebenfalls, wenn sie sich seit mindestens 12 Monaten ununterbrochen rechtmäßig, gestattet oder geduldet im Bundesgebiet aufhalten. Die Sonderregelungen nach den §§ 51, 56 und 122 SGB III bestehen, wenn sie sich seit mindestens 6 Jahren ununterbrochen rechtmäßig, gestattet oder geduldet im Bundesgebiet aufhalten und kein Beschäftigungsverbot nach § 60a Absatz 6 AufenthG besteht.

6. Pflicht zur Mitarbeit bei angebotenen Integrationsmaßnahmen

Leistungsberechtigte sowie Asylbewerber mit guter Bleibeperspektive haben Mitwirkungspflichten an Integrationsmaßnahmen. Bei Ablehnung oder Abbruch von Integrationsmaßnahmen ohne wichtigen Grund haben Leistungsberechtigte mit Leistungskürzungen zu rechnen. Diese Verpflichtungsmöglichkeit erforderte Anpassungen in § 6 und § 8 IntV betreffend der Berechtigung, der Datenübermittlung und Informationsverpflichtung zwischen dem Bundesamt für Migration, den Flüchtlingen und den nach dem Asylbewerberleistungsgesetz (AsylbLG) zuständigen Behörden. Auch sind Personen, die Leistungen nach dem Zweiten Buch Sozialgesetzbuch (SGB II) beziehen und vom Träger der Grundsicherung für Arbeitsuchende zur Teilnahme verpflichtet wurden, vom Integrationskursträger vorrangig bei der Platzvergabe zu berücksichtigen. Zudem können die Leistungen nach dem SGB II und dem Asylbewerberleistungsgesetz gekürzt bzw. gestrichen werden, wenn sie ihren Mitwirkungspflichten, zu denen auch die Teilnahme an einem Integrationskurs gehört, nicht nachkommen.

VII. Fazit

Als Fazit lässt sich positiv feststellen, dass seit dem Asylverfahrensbeschleunigungsgesetz eine Beschleunigung der Asylverfahren stattgefunden hat. Dies hängt zum einen mit der offensichtlichen Unbegründetheit von Asylanträgen aus gesicherten Herkunftsstaaten gem. § 29a AsylG sowie einem massiven Personalausbau bei Bund und Ländern zusammen.

Zudem wurden durch das Integrationsgesetz wichtige Zielsetzungen für eine nachhaltige Entwicklung gesetzt. Insbesondere wurden wesentliche Voraussetzungen für eine erfolgreiche Integration von Flüchtlingen in die Gesellschaft und Beschäftigung geschaffen, indem für sie der Zugang zum Arbeitsmarkt gezielt weiter verbessert und die Verwaltungsabläufe ergänzend daraufhin ausgerichtet wurden. Nicht zuletzt dienen die frühzeitige Arbeitsförderung sowie die Spracherlernung durch (verpflichtende) Kurse der dauerhaften Integration von asylsuchenden Menschen, was im Ergebnis dem demographischen Wandel der Bevölkerung Deutschlands entgegen wirkt. Auch könnten die durch das Integrationsgesetz eingeführten Maßnahmen (z.B. Aussetzung der Vorrangprüfung für 3 Jahre) einen Beitrag zur Bewältigung der Herausforderungen zur Sicherung des Arbeits- und Fachkräfteangebots leisten.

Kritisch zu sehen bleibt trotz der vielen positiven Änderungen, dass neuankommende Asylsuchende infolge der auch weiterhin bestehenden Wohnverpflichtung von bis zu 6 Monaten einem faktischen Beschäftigungsverbot unterliegen können[31]. Dieses faktische Beschäftigungsverbot, welches seine Rechtfertigung in der vom BAMF anvisierten Entscheidungszeit über den Asylantrag haben soll, ist unnötig und auch nicht mit Übergangsmaßnahmen wie Orientierungskursen zu befürworten.

31 Vgl. hierzu auch Planta, in NJW 2016, S. 18 (19)

Kolibri 360 GmbH
Ferdinand-Jühlke-Straße 7
99095 Erfurt, Deutschland
produktsicherheit@kolibri360.de